O Mundo globalizado:
Economia, Sociedade e Política

Alexandre de Freitas Barbosa

O Mundo Globalizado:
Economia, Sociedade e Política

Copyright© 2003 2001 Alexandre de Freitas Barbosa
Todos os direitos desta edição reservados à
Editora Contexto (Editora Pinsky Ltda.)

Foto de capa
Jaime Pinsky

Coordenação de textos
Carla Bassanezi Pinsky

Preparação
Camila Kintzel

Diagramação
José Luis Guijarro/Texto & Arte Serviços Editoriais

Revisão
Dida Bessana/Texto & Arte Serviços Editoriais

Projeto de capa
Antonio Kehl

Dados Internacionais de Catalogação na Publicação (CIP)
(Câmara Brasileira do Livro, SP, Brasil)

Barbosa, Alexandre de Freitas
O mundo globalizado / Alexandre de Freitas Barbosa. –
5. ed., 5ª reimpressão. – São Paulo : Contexto, 2022. –
(Repensando a História).

Bibliografia.
ISBN 978-85-7244-181-0

1. Globalização – História – I. Título. II. Série

01-3774   CDD-337.09

Índice para catálogo sistemático:
1. Globalização: Economia internacional: História   337.09

2022

Editora Contexto
Diretor editorial: *Jaime Pinsky*

Rua Dr. José Elias, 520 – Alto da Lapa
05083-030 – São Paulo – SP
PABX: (11) 3832 5838
contato@editoracontexto.com.br
www.editoracontexto.com.br

Proibida a reprodução total ou parcial.
Os infratores serão processados na forma da lei.

Sumário

Introdução 7

O que é globalização? 9
Características da globalização 9
Definindo a globalização 12
"Globalizadores" e "globalizados" 16
Limites da globalização 18

Antecedentes históricos da globalização 20
Será a globalização uma novidade? 20
... desde o século XVI 21
Revolução Industrial: avanço 25
Período Entreguerras: recuo 30
Depois da Segunda Guerra Mundial: novo avanço ... 31
Globalização: o que há de novo? 33
Fenômeno complexo ou caótico? 35
As ideias também se globalizam 37

As quatro esferas da globalização econômica 39
A globalização comercial 41
A globalização produtiva 54
A globalização financeira 65
A globalização tecnológica 73

Os obstáculos à globalização política ... **81**
O fim da Guerra Fria ... 82
A defesa dos valores democráticos ... 84
O que é neoliberalismo? ... 88
Globalização *versus* Estados Nacionais ... 90
A crescente importância dos organismos multilaterais ... 92
Os novos papéis do Banco Mundial e do FMI ... 93
A OMC e os interesses dos países ricos
e das multinacionais ... 95
A ONU e suas agências ... 98

As sociedades nacionais
e a emergência da sociedade global ... **103**
A pobreza do mundo ... 104
A expansão do desemprego e do emprego informal ... 107
Crime global, turismo sexual,
trabalho forçado e trabalho infantil ... 112
As ONGs e os valores sociais e morais ... 115
Cultura globalizada *versus* culturas nacionais e locais ... 119

Conclusão ... **123**

Posfácio ... **129**
Atualizando *O mundo globalizado?* ... 129

Sugestões de leitura ... **133**

Introdução

Quem não ouviu falar sobre globalização? Na televisão, em bate-papos familiares, nas discussões com os amigos, nas escolas e faculdades, em revistas semanais de grande circulação, o assunto está sempre presente. Qual político, jornalista ou analista econômico nunca utilizou esse conceito para caracterizar o mundo em que vivemos? O desemprego, a crise da moeda brasileira, a venda das empresas nacionais ao capital multinacional, a violência, o trabalho infantil, a expansão das igrejas evangélicas, todos esses fenômenos sociais aparecem no noticiário nacional e internacional, relacionados à globalização.

A compreensão do mundo globalizado permite desvendar a natureza das transformações econômicas, sociais e políticas da atualidade. Porém, devemos ter cautela para não usarmos "globalização" como uma palavra mágica que explica tudo e qualquer coisa. Isso porque a globalização interage com as realidades nacionais e locais, alterando a sua forma de relacionamento com o mundo externo, mas sem eliminar as suas características peculiares.

Neste livro tentaremos analisar a globalização, explicando como ela surge, as esferas em que avança de forma mais rápida e aquelas em que se mostra mais restrita, e apontando as várias – e, às vezes, até opostas – interpretações sobre esse processo histórico, bem como os desafios e as potencialidades que pode trazer consigo.

A globalização é uma realidade presente, que se, manifesta nos planos econômico, político e cultural, a partir de uma aceleração do intercâmbio de mercadorias, capitais, informações e ideias entre os vários países, ocasionando uma redução das fronteiras geográficas.

Vejamos agora os fatos que ilustram a globalização e a tornam uma realidade percebida por todos, bem como os conceitos que permitem compreender o significado das transformações que provoca.

O que é globalização?

CARACTERÍSTICAS da globalização

Na virada do século XX para o XXI, por meio da televisão e da internet, temos acesso a notícias e a informações transmitidas em tempo real, ou seja, no próprio momento em que os eventos se manifestam. Assim, podemos acompanhar de forma quase instantânea, em vários lugares do mundo, o encontro histórico entre os presidentes da Coreia do Sul e do Norte, a cotação do euro em relação ao dólar, as oscilações nas Bolsas de qualquer lugar do planeta, o conflito entre palestinos e israelenses, o lançamento do novo modelo de automóvel da Volkswagen ou mesmo questões menos importantes, e de interesse estritamente pessoal, como a temperatura na Suécia ou os preços de hotéis na Cidade do México.

Podemos saber mais rapidamente sobre o que se passa com nossos contemporâneos em várias partes do mundo do que em qualquer outra época histórica. Podemos, enfim, nos deslocar de um país a outro com mais facilidade. O turismo internacional tem-se tornado uma das mais lucrativas atividades econômicas. Em 1996, 400 milhões de pessoas cruzaram de avião as fronteiras de seus países em viagens de negócios ou passeio.

Enfim, as empresas, os indivíduos, os movimentos sociais e os governos nacionais e locais estão atualmente conectados a uma extensa rede de informações, o que traz impactos econômicos, culturais e políticos profundos para todas as sociedades.

No plano econômico, os produtos que consumimos são, cada vez mais, produzidos em outros países, sendo que alguns produtos brasileiros também são encontrados em vários países do mundo. Ao mesmo tempo, há empresas que produzem bens de consumo, máquinas e componentes em outros países que não o seu de origem. A empresa finlandesa Nokia produz telefones celulares em várias partes do mundo, da mesma forma que a empresa de chips de computador, Intel, de origem norte-americana, possui uma de suas plantas na Costa Rica. Já a Nike, fabrica boa parte dos seus tênis e material esportivo na Indonésia. A empresa espanhola Telefónica, que adquiriu os serviços de telefonia de vários países da América do Sul, gera 20% do seu lucro nesta região. A cidade de Bangcoc, capital da Tailândia, transforma-se num espaço de produção de automóveis japoneses, alojando fábricas da Toyota, Honda, Mitsubishi e Isuzu.

Outro bom exemplo da mundialização da produção é o fato de o diretor de recursos humanos do grupo anglo-holandês Unilever, dos setores de alimentação, higiene e limpeza, ter sob seu comando gerentes em 90 países diferentes.

Percebemos também, ao final do século XX e no início do XXI, um processo crescente de fusões e aquisições, envolvendo empresas de várias partes do mundo, as quais procuram conquistar um mercado internacional cada vez mais amplo. No setor automotivo, a Nissan une-se à Peugeot e no de entretenimento, a Sony adquire a Columbia Pictures. Já no setor farmacêutico, a Hoechst alemã se funde com a francesa Rhône-Poulenc, criando uma nova empresa, a Aventis, enquanto a inglesa Vodafone AirTouch, megaempresa do setor de telefonia celular, compra a alemã Mannesmann. Vale lembrar que essas empresas gigantes possuem um faturamento maior que o PIB de muitos países.

Ou seja, a globalização avança de forma expressiva na dimensão econômica, com a abertura comercial das economias nacionais e a expansão das multinacionais que ocupam pontos estratégicos para a produção e distribuição internacional. Essa aceleração dos fluxos econômicos que ultrapassam as fronteiras geográficas ocorre em setores tradicionais, como alimentos e vestuário, mas especialmente nos setores das novas tecnologias e das aplicações financeiras em Bolsas de Valores.

A moda, as "tribos urbanas" e até mesmo a contracultura têm-se tornado globais. Na foto: jovens *punks* chineses usam em suas camisetas ícones do socialismo chinês (Mao Tsé-Tung, à esquerda) e latino-americano (Che Guevara, à direita).

Também o esporte, o cinema e a música – por meio dos negócios milionários envolvendo a venda de jogadores de futebol ou do lançamento em vários países de novos filmes e sucessos musicais – estão crescentemente ultrapassando as fronteiras nacionais. Um show da Madonna ou do Luciano Pavarotti é acompanhado por milhões de telespectadores. A escritora escocesa J. K. Rowling transforma-se num sucesso global com a saga da sua personagem, Harry Potter, herói de adolescentes na Argentina, Brasil, Estados Unidos e outros países. A modelo Gisele Bündchen vende seu "passe" para a rede holandesa de lojas, a C&A, tornando-se uma estrela global do mundo publicitário.

Portanto, os produtos culturais adquirem uma exposição global, comprometendo muitas vezes os padrões estéticos existentes e a identidade de grupos sociais e sociedades nacionais, que sofrem a concorrência da moda globalizada. Até a alta cultura se globaliza, tornando-se acessível às elites de todos os países. Os livros do economista indiano e ex-funcionário do Banco Mundial, Amartya Sen, do historiador inglês Eric Hobsbawm e do escritor mexicano Carlos Fuentes transformam-se em patrimônio universal logo após o seu lançamento. E não somente objetos de consumo e produtos culturais, mas também os valores políticos passam a ser difundidos com mais rapidez, alcançando os mais variados pontos do planeta. A democracia vem se tornando um valor cada vez mais difundido. Quem poderia imaginar que um amplo movimento político internacional se organizasse em torno da necessidade de se julgar o ditador Augusto Pinochet pelos crimes cometidos durante a ditadura militar chilena? Ou que o líder iugoslavo Slobodan Milosevic viesse a ser julgado pelo Tribunal Penal Internacional, em Haia, na Holanda, por crimes de guerra cometidos durante o massacre de Kosovo?

Nesse contexto, surge um amplo processo de discussão sobre os direitos humanos e sociais. Vários consumidores se recusam a comprar tapetes produzidos com trabalho infantil, organizações de direitos humanos fazem relatórios sobre tortura e maus-tratos em vários países do mundo, ecologistas defendem animais e florestas independentemente do território em que estas se encontrem, enquanto entidades combatem a pornografia infantil, difundida por milhares de sítios da internet.

Assim, a globalização não significa apenas um processo de expansão dos mercados e de aceleração dos fluxos econômicos entre as fronteiras nacionais. Junto consigo, como um de seus efeitos, surge uma consciência de que valores morais e sociais fundamentais devem ser estendidos para todos os povos.

DEFININDO a globalização

A globalização caracteriza-se, portanto, pela expansão dos fluxos de informações – que atingem todos os países, afetando

Mesmo em culturas mais fechadas, a globalização se faz presente por meio de acessos e outros valores culturais e políticos. Na foto: jovens iranianas se utilizam da internet, um dos símbolos da nova tecnologia.

empresas, indivíduos e movimentos sociais –, pela aceleração das transações econômicas – envolvendo mercadorias, capitais e aplicações financeiras que ultrapassam as fronteiras nacionais – e pela crescente difusão de valores políticos e morais em escala universal.

Assim, no mundo globalizado, as distâncias geográficas e temporais encolhem-se de forma pronunciada. A oposição "longe-perto" – tão marcante nas sociedades primitivas e também nos Estados Nacionais dos últimos duzentos anos – mostra-se cada vez menos nítida.

Isso quer dizer que a globalização não está somente nas notícias difundidas internacionalmente, pois repercute na própria dinâmica das economias e sociedades cada vez mais influenciadas pela produção das multinacionais, pela entrada de capitais na Bolsa, pelo uso de novas tecnologias e de bens de consumo importados, pela presença crescente dos temas de política internacional na agenda nacional dos respectivos governos e pela adesão externa aos projetos dos movimentos sociais nacionais.

Nesse contexto, tornou-se um fenômeno do passado o sonho de desenvolver uma nação somente a partir das suas próprias forças, isolando-a da realidade internacional. Como exemplo dessa tendência, basta dizer que o governo socialista de Cuba estimula o turismo como forma de acumular dólares, ao mesmo tempo em que, em conferências internacionais, solicita o investimento de empresas latino-americanas e europeias no seu país.

Até um país como a Mongólia, com apenas 2,5 milhões de habitantes, "espremido" entre a China e a Rússia, curva-se à realidade da economia globalizada. Na sua capital, Ulan Bator, segundo relato do economista brasileiro Ladislau Dowbor, norte-americanos negociam ouro, produto local, enquanto coreanos montam os modernos sistemas de telecomunicações e japoneses disponibilizam seus carros luxuosos.

A globalização, no entanto, não afeta todos os países da mesma forma, nem se manifesta com a mesma velocidade nas várias dimensões da vida coletiva. A globalização econômica avança de forma mais rápida, integrando empresas e conectando mercados. As divisões entre países tecnologicamente avançados (como a Suécia, a Alemanha e o Japão), países subdesenvolvidos com potencial industrial (como Brasil, México e Polônia) e países desprovidos de uma estrutura econômica básica (como Haiti, Somália e Camboja) são mantidas, e até mesmo, ampliadas. Globalização, portanto, não quer dizer uniformidade ou homogeneização das condições econômicas.

Também a dimensão política é influenciada pela redução das fronteiras e a velocidade dos fluxos econômicos e de informações. A mudança de governo em um país pode afetar diretamente os interesses de empresas, aplicadores financeiros e trabalhadores de outros países. Candidatos às eleições, de esquerda e de direita, obtêm apoio de seus pares em outros países, no intuito de somar forças e implementar políticas comuns, ampliando ou atenuando o poder de alcance da globalização.

No plano político, contudo, a globalização avança a passos mais lentos. Não existe um governo global e, ainda que se possa falar de movimentos sociais globais, os conflitos políticos continuam se manifestando de forma prioritária nos espaços nacionais. As manifestações de rua contra a globalização na cidade de Seattle, nos Estados Unidos, em virtude da reunião da OMC ou em Praga, capital da República Checa, quando do encontro do Fundo Monetário Internacional (FMI), recebem mais cobertura da mídia do que as greves e protestos locais e nacionais, mas nem por isso devem ser consideradas mais importantes.

Se é verdade que organizações multilaterais como FMI, Banco Mundial e OMC "roubam" parte da cena política internacional, cabe lembrar que nessas instituições continuam prevalecendo os interesses dos países mais fortes. Ou seja, ainda que a política internacional ocupe um espaço e um alcance cada vez maiores, muitas das decisões que afetam a vida social são tomadas nos âmbitos local e nacional.

Já as transformações sociais, decorrentes da expansão descontrolada da dimensão econômica – como o desemprego, a informalidade, a redução da importância dos movimentos sindicais e a privatização do Estado – podem ser encontradas em vários países.

No plano cultural, pode-se dizer que existe sim uma indústria de caráter global, que envolve a mídia televisiva, jornalística, a produção cinematográfica e as megagravadoras de música; bem como uma alta cultura global, já que os trabalhos intelectuais, artísticos e técnicos transcendem o espaço em que são produzidos, adquirindo um *status* crescentemente universal.

Ainda assim, tal como na economia, a consolidação de uma arena de interação global que transcende os vários países não elimina a diversidade dos sistemas políticos e culturais existentes nem a natureza particular da pobreza e do desemprego, com marcadas diferenças entre os países desenvolvidos e subdesenvolvidos.

"GLOBALIZADORES" e "globalizados"

A globalização indica um potencial crescente de comunicação e conexão entre as estruturas econômicas, culturais e políticas dos vários países do mundo. Esse processo, no entanto, manifesta-se de forma assimétrica. O que queremos dizer com isso? Uma simples alteração da taxa de juros por parte do Banco Central norte-americano (Federal Reserve) traz impactos muito mais sérios e duradouros para as economias brasileira, mexicana e indiana do que estas poderiam trazer para a economia norte-americana. Uma desvalorização da moeda japonesa acarreta um transtorno global muito maior do que uma crise social grave na Indonésia. A eleição de um primeiro-ministro conservador ou progressista na Inglaterra produz mais efeitos sobre o restante das políticas desempenhadas em outros países do que a morte do ditador da Síria, depois de trinta anos no poder.

Os países que conseguem assimilar as novas tecnologias possuem as multinacionais mais avançadas, dispondo de uma vantagem comercial adicional em relação aos demais e de maior autonomia para realizar as suas políticas. Esses são os "globalizadores". Como veremos, são esses os países que, em grande medida, controlam as decisões internacionais tomadas em fóruns como o G-8 – que reúne as sete economias mais fortes, além da Rússia – e nos organismos internacionais em geral.

Já os países "globalizados" são os mais vulneráveis e, portanto, mais expostos aos impactos negativos da globalização, pois geralmente importam mais do que exportam, ou então exportam produtos menos elaborados e são praticamente obrigados a adquirir no exterior as tecnologias mais caras; esses países, ao mesmo tempo, procuram estimular a instalação de empresas multinacionais em seu território, mas não fomentam as empresas nacionais na magnitude exigida; além de se tornarem reféns dos movimentos bruscos dos capitais de curto prazo, sofrendo frequentes ataques especulativos contra as suas moedas.

Essas diferenças entre países, é certo, não surgiram com a globalização, mas foram aprofundadas recentemente como no caso da maioria dos países africanos, ou atenuadas, como no caso de alguns países asiáticos, como Coreia do Sul e Taiwan, que se tornaram exportadores de produtos eletrônicos e automóveis (hoje, a capital de Taiwan, Taipé, exporta mouses e monitores de computador e cinescópios para televisão, para o mundo inteiro).

Nesse cenário, os vários Estados Nacionais procuram amenizar os riscos e aumentar as potencialidades de inserção no mercado internacional. Mas essa tarefa não é fácil, nem existe um só modelo a seguir. Pelo contrário, são várias as portas de entrada na globalização, já que as economias, os sistemas políticos e os valores culturais variam significativamente de país para país.

Portanto, a globalização não pode ser rotulada como necessariamente boa ou má, sendo antes o resultado de um conjunto complexo de fatores econômicos, políticos e sociais que afetam o mundo inteiro, mas não por igual, já que alguns países possuem maior capacidade de intervenção no cenário internacional do que outros.

O mundo contemporâneo é, contudo, bem mais complexo do que essa distinção entre globalizadores e globalizados sugere. Os Estados Unidos são, em geral, globalizadores, mas em muitos campos se deixam globalizar com a entrada de empresas multinacionais e de profissionais qualificados de outros países. O Japão, no entanto, é muito mais globalizador do que globalizado, haja vista a forte presença das suas multinacionais no exterior, ao passo que no mercado interno impõe várias restrições ao capital externo. Países como a Espanha são bastante globalizados em relação à Europa, mas se transformaram, nos anos 1990, em globalizadores diante da América do Sul.

Por vezes, os países mais pobres e periféricos logram obter vantagens no mercado internacional, expandindo seus produtos, ideias e valores culturais, os quais são assimilados pelos países desenvolvidos. Isso ocorre no caso da música e do tempero latinos com grande penetração em Los Angeles (EUA), onde, aliás, o espanhol é falado por todos os lados, ou das novelas brasileiras, muito apreciadas na Europa, e da música cubana crescentemente internacionalizada. Ou ainda, como na experiência do Banco do Povo, que fornece empréstimos para os segmentos mais pobres da população. Idealizado pelo economista Muhamad Yunus para Bangladesh, esse modelo de política pública se expandiu para mais de setenta países, dentre os quais os nada "famintos" Canadá, Estados Unidos e Noruega.

LIMITES da globalização

A ampliação das conexões econômicas, culturais e políticas entre indivíduos, movimentos sociais, empresas e países é um processo real e concreto e compõe o núcleo do que chamamos de mundo globalizado. Entretanto, nesse início do século XXI, trata-se de um processo incompleto. Por isso, devemos tomar cuidado, quando tentamos imaginar que num futuro próximo o mundo será totalmente integrado e unificado, com todas e quaisquer fronteiras econômicas, culturais e políticas abolidas. A bem da verdade, a globalização não é um fenômeno inevitável, havendo inclusive a possibilidade de que, em vez de progredir, essa tendência sofra uma regressão, se vários países decidirem se isolar dentro de suas fronteiras geográficas, no momento em que sentem suas economias, sociedades e culturas ameaçadas.

Aliás, a existência de um mundo completamente globalizado não só é improvável como também se torna impossível na prática. Séculos de história criaram identidades culturais, nexos econômicos internos e sistemas políticos dotados de particularidades nos espaços nacionais, tornando inviável a sua substituição por uma nova ordem global que passe por cima dessas várias realidades locais específicas.

A globalização não elimina as especificidades nacionais e locais, mas se superpõe a elas. No decorrer desse processo, abre possibilidades novas, mas também gera atritos, já que a concorrência internacional entre sistemas econômicos e culturais torna-se mais forte.

Cabe lembrar, ainda, que a globalização está longe de integrar toda a população mundial, de cerca de 6 bilhões de pessoas no início do século XXI. Isso porque um número significativo de pessoas não dispõe de acesso a informações, a bens de consumo nem à facilidade de se transferir de um país a outro. A grande maioria da população mundial encontra-se limitada a sua experiência local, distante das novas tecnologias, do conforto propiciado pelas novas maravilhas eletrônicas e mesmo do acesso a bens e serviços básicos.

As mesmas cidades que ostentam arranha-céus e *outdoors* de marcas mundialmente famosas são circundadas, especialmente nos países subdesenvolvidos, por periferias e favelas nas quais reina a miséria, a violência e a exclusão social. Se para alguns, a globalização é um fenômeno concreto; para outros, ela apenas tangencia a sua realidade.

Desse modo, encontramos em todos os países uma parte da sociedade integrada ao mundo global e outra parte desprovida dos serviços básicos de educação, saúde, habitação, segurança, telefonia e saneamento básico.

Pode-se dizer, inclusive, que a globalização se expandiu de forma fantástica nas últimas duas décadas, mas não atingiu toda a superfície terrestre, criando por sua vez novas formas de isolamento. Seria o caso, por exemplo, da "exclusão digital", a extrema discrepância social no acesso às informações.

De um lado, temos os engenheiros, economistas, administradores, publicitários, advogados e analistas de sistemas conectados por meio dos computadores, prestando serviços altamente especializados e trabalhando para as indústrias modernas. Essas são as *elites da globalização*, encontradas especialmente nos países desenvolvidos, mas também presentes nos países subdesenvolvidos.

De outro, há os desempregados, os trabalhadores precários, os empregados domésticos, os que realizam "bicos" ou atuam em empregos de ocasião, com baixos níveis de renda, desconectados das novas tecnologias e sem a instrução exigida para ascender socialmente e ter acesso aos novos padrões de consumo. Esses são os *excluídos da globalização*. Tais indivíduos estão concentrados nos países globalizados, ainda que não seja difícil encontrá-los também nos países globalizadores.

Em resumo, a globalização trouxe um aumento dos fluxos internacionais de mercadorias, capitais e informações, os quais perpassam os vários países e afetam a dinâmica econômica das empresas, a realidade social dos indivíduos e as opções políticas de partidos e movimentos sociais. Uma parte significativa das populações, culturas e economias está, entretanto, à margem desse processo, alheia aos novos bens de consumo e tecnologias, incapaz de acessar e processar as novas informações e ainda imune, em grande medida, aos novos valores sociais e morais.

Antecedentes históricos da globalização

SERÁ A GLOBALIZAÇÃO uma novidade?

É a globalização um fenômeno inédito, que surge nas últimas décadas do século XX, trazendo consigo uma transformação fundamental no funcionamento das sociedades humanas? Ou trata-se antes de um processo histórico de longa maturação, que deixa seus primeiros rastros no início da Idade Moderna, confundindo-se com a própria expansão do capitalismo? A resposta a essa questão não é simples. Isso porque existe uma controvérsia entre duas interpretações bastante difundidas da globalização. Alguns autores tendem a vê-la como um fenômeno revolucionário, uma ruptura com relação ao passado, enquanto outros a encaram como uma continuação da história de expansão dos mercados.

Essas abordagens extremas não captam a complexidade inerente à aceleração em escala internacional dos fluxos econômicos, de informações e de valores culturais, morais e políticos que transcendem as fronteiras geográficas.

Por isso, aqui vamos compreender a globalização como um processo revolucionário, mas que vem se desenvolvendo de forma lenta e progressiva, com saltos qualitativos em determinados momentos, até alcançar a etapa atual – e que também não é a última – de ampliação das fronteiras do capitalismo para virtualmente todas as áreas geográficas.

Já o conceito "globalização" é, sem dúvida alguma, uma novidade. Surgiu na década de 1980 nas escolas de administração dos Estados Unidos, para depois, literalmente, "correr o mundo". Quando da sua formulação, estava relacionado às estratégias das empresas que procuravam expandir as suas atividades, ultrapassando as fronteiras nacionais.

Nos anos 1990, até mesmo a palavra que caracteriza a realidade atual se globaliza, sendo proferida em todos os lugares e traduzida para as várias línguas locais e nacionais, não estando mais relacionada exclusivamente à expansão dos negócios, a ponto de atingir praticamente todos os domínios da vida humana. Anthony Giddens, sociólogo inglês reconhecido mundialmente – ou seja, também ele global –, proferiu a seguinte declaração esclarecedora acerca desse fenômeno: "Não estive em nenhum país recentemente em que a globalização não fosse objeto de intensos debates".

Se a palavra é nova, a ideia de um mundo interligado, ou seja, de uma história mundial que conecta a história das nações e indivíduos, é bem mais antiga do que parece à primeira vista. A partir de agora, procuraremos na história os antecedentes da atual onda de globalização.

...DESDE o século XVI

Não seria exagerado dizer que a criação de um sistema econômico mundial começa a se desenhar, a partir da última década do século XV, com o descobrimento da América e a chegada dos portugueses ao Oriente por via marítima. Aliás, foram esses mesmos portugueses que reintroduziram, na Europa, produtos orientais como o açúcar, o chá, a pimenta, a sombrinha, a porcelana, bem como os leques chineses e os tapetes árabes, como relata o sociólogo Gilberto Freyre. Uniram também o Velho Mundo (Europa e Oriente) ao Novo Mundo (as Américas).

As tecnologias da época eram a bússola, o astrolábio e as caravelas. O historiador francês Michel Callon chega a situar o advento da noção moderna de inovação em Portugal, quando D. Henrique, o Navegador, criou a Escola de Sagres para "planejar as descobertas". Um conjunto de cientistas – físicos, astrônomos,

Em 1500, a economia europeia, em vias de expansão, encontra seu centro no Mediterrâneo. Em 1775, o tráfego de navios já havia se consolidado em todo o mundo.

geógrafos, médicos, arquitetos navais e artesãos – se reuniu então para propor soluções à navegação marítima, permitindo a circulação e o encontro de informações, mercadorias e populações. Guardadas as devidas proporções, as caravelas cumpriram, nos séculos XV e XVI, o mesmo papel que as empresas de internet e os modernos meios de transporte cumprem nos dias de hoje.

Seguindo tal raciocínio e utilizando um termo contemporâneo para qualificar uma realidade do passado, podemos dizer que o Brasil se "globalizou" com o açúcar. A mão de obra da Colônia era importada da África, os negociantes desse produto eram portugueses, financiados por holandeses e os consumidores eram as elites europeias.

Ou seja, enquanto os escravos que vinham de Angola eram a força bruta dos engenhos de açúcar, o comércio pagava impostos à Coroa portuguesa e rendia lucros aos comerciantes portugueses e aos seus financiadores holandeses. Nesse sentido, o

Nordeste açucareiro estava menos ligado à economia do restante da Colônia e mais vinculado às redes mundiais de comércio: à África, de onde vinham os escravos e à Europa, onde estavam os mercados consumidores do açúcar.

Havia, portanto, uma cadeia comercial em movimento. Aqui já estava presente a noção de fluxos econômicos, de informações e de ideias ultrapassando as fronteiras. E, desde já, tratava-se de uma internacionalização assimétrica. Os lucros com a venda de açúcar e de escravos estavam concentrados nas mãos dos mercadores europeus. Eram eles os donos do capital, os responsáveis pelo financiamento das atividades comerciais nos quatro cantos do mundo. O poder desses mercadores dependia da expansão contínua do mercado, o qual já era, em grande medida, internacionalizado.

Vejamos o relato do historiador francês Fernand Braudel sobre a família de comerciantes Fugger:

> Os Fuggers são donos das maiores empresas mineiras da Europa Central, na Hungria, na Boêmia e nos Alpes. Estão solidamente estabelecidos, mediante terceiros, em Veneza. Dominam Antuérpia que, no princípio do século XVI, é o centro ativo do mundo. Chegam cedo a Lisboa, à Espanha, onde alinham ao lado de Carlos V; vamos encontrá-los no Chile em 1531, embora o abandonem um tanto rapidamente, em 1535. Em 1559, abrem em Fiume e Dubrovnik uma janela pessoal para o Mediterrâneo. No fim do século XVI, participam do comércio internacional de pimenta-do-reino, em Lisboa. Enfim, estão na Índia por intermédio de Ferdinand Cron, que aí chega em 1587, para representar em Cochim e depois em Goa os Fugger.

Durante o século XVI, o circuito comercial desses capitalistas se alarga. O filósofo David Hume escreveria no século XVIII que os comerciantes fazem parte de "uma classe de homens que adquirem renda em qualquer parte do mundo em que decidam se fixar". Entretanto, esses comerciantes dependiam dos seus governantes para obter direito de monopólio sobre linhas de comércio ou de acordos com outros governantes para obter permissão de "entrar" nos seus mercados.

Por sua vez, os comerciantes procuram, tanto ontem como hoje, sempre se situar nos centros onde se acumula a riqueza. Os mercadores e banqueiros holandeses, genoveses, venezianos e florentinos trouxeram seus representantes e estabeleceram filiais em Lisboa, Cádiz e Sevilha, pois o comércio, no início do século XVI, concentrava-se nessas regiões e não mais no Mediterrâneo. Mais tarde, todos procurariam "colocar um pé" nos Países Baixos (Holanda), e já no século XVIII, Londres era a praça predileta.

Ao longo dos séculos XVII e XVIII, os holandeses conseguiram negociar com as demais potências europeias um conjunto de regras para assegurar a liberdade de comércio. Exigia-se o fim das barreiras comerciais entre os países europeus e a proibição à perseguição de civis não combatentes, ou seja, dos comerciantes. Por meio do Tratado de Vestfália, foram preservadas as condições para manutenção dos interesses capitalistas comerciais, apesar das guerras deflagradas entre os países.

O desenvolvimento econômico nessa época dependia da expansão geográfica do comércio, que permitia aos grandes mercadores colocar em contato regiões isoladas, ter acesso direto às fontes de produtos e matérias-primas para comprá-los baratos, e controlar os mercados de destino para cobrar preços maiores. Os lucros dos comerciantes seriam ampliados enquanto estes conseguissem abrir mercados, muitas vezes à força.

Ao mesmo tempo, esse "capitalismo comercial" somente se desaceleraria quando a demanda – a capacidade de consumir novos produtos – se esgotasse. O mundo estava conectado a partir dos fluxos comerciais, mas a renda gerada não se ampliava de modo a permitir uma contínua expansão dos mercados. Por isso, as crises recorrentes relacionadas ao fechamento das rotas comerciais e à queda dos preços dos produtos.

Uma nova etapa da internacionalização da economia somente se tornaria possível, se houvesse um aumento significativo da produtividade – a produção de mais mercadorias com custos menores – barateando produtos e permitindo assim aumento do poder de consumo necessário para que o mundo vivesse novamente um processo de expansão dos mercados. Foi esse o papel que cumpriu a Revolução Industrial!

REVOLUÇÃO Industrial: avanço

Entre o fim do século XVIII e o início do século XX, verifica-se uma nova onda de internacionalização da economia, impulsionada pelas novas tecnologias aplicadas à indústria e pela expansão do comércio.

A chamada Primeira Revolução Industrial trouxe a substituição da produção comandada manualmente pela produção com maquinaria (teares mecânicos para a indústria têxtil), usando-se a máquina a vapor na produção de ferro e nos transportes. Isso permitiu o que os economistas denominam aumento de produtividade.

O que vem a ser isso? Os trabalhadores realizariam tarefas cada vez mais especializadas, sendo o ritmo do processo de produção dado pelas máquinas. Uma pequena fábrica com dez trabalhadores poderia agora produzir 48 mil alfinetes por dia – segundo o célebre exemplo de Adam Smith, economista escocês que escreveu *A riqueza das nações*, em 1776 – ao passo que, trabalhando isolados e sem o auxílio das máquinas, provavelmente, não conseguiriam produzir mais do que vinte por dia.

Mas como obter mercado para tantos "alfinetes"? Com os custos de produção reduzidos, a Inglaterra conseguiu compradores para os seus produtos têxteis em todo o mundo. Essa nova fase de internacionalização deu-se também graças à conquista de colônias – como no caso da Índia, que foi incorporada ao Império Britânico de forma definitiva em 1876 – ou à manutenção de semicolônias – como no caso de Brasil e Argentina, independentes politicamente a partir da terceira década do século XIX, mas reféns dos interesses econômicos da Inglaterra. A China foi forçada a abrir o seu comércio aos produtos ingleses depois da Guerra do Ópio em 1842, vencida pela Inglaterra.

Portanto, com a Revolução Industrial, novos mercados foram criados. Por sua vez, o trabalho, as terras e o dinheiro ficaram disponíveis para as necessidades da grande produção industrial. E o controle do comércio internacional passou para as mãos de quem produzia mais produtos e ao menor preço, e não mais de quem unia regiões isoladas vendendo mais caro do que comprara. O papel de destaque econômico, antes exercido pelos mercadores, passou a ser dos grandes industriais e banqueiros.

Se a liderança desse processo histórico coube à Inglaterra, a produção industrial mecanizada se espalharia para outros países da Europa – os quais copiavam as técnicas de produção e as máquinas inglesas – chegando aos Estados Unidos, Rússia e Japão até o final do século XIX. Por outro lado, a Inglaterra permitiria que outros países se especializassem na produção de mercadorias que atenderiam prioritariamente ao mercado inglês e os demais países capitalistas avançados da época. Produtos como o café, o chá, o abacaxi, a banana tornaram-se parte do cotidiano desses países, não mais restritos ao consumo das classes altas.

Além disso, essa expansão econômica que brotava na Europa industrializada trouxe efeitos significativos sobre os demais países – colônias e nações com independência política recente graças aos avanços vertiginosos nos transportes e nas comunicações, que tornaram seus produtos mais baratos.

Os navios aproveitaram-se da energia a vapor, as estradas de ferro da mesma tecnologia e também da metalurgia do ferro, ao passo que os telégrafos e os cabos submarinos se espalharam pelo mundo afora permitindo a transmissão quase imediata de informações e notícias. Dessa forma, esgotado o potencial de expansão da indústria têxtil, outras indústrias surgiriam para abrir mercados e desbaratar fronteiras.

O historiador inglês Eric Hobsbawm, referindo-se à segunda metade do século XIX, assinalou de forma metafórica que "os trilhos, o vapor e o telégrafo praticamente enlaçavam o globo". Tornava-se possível executar o sonho da visionária personagem do escritor Júlio Verne, que queria completar a volta ao mundo em oitenta dias.

Até então, se havia uma conexão internacional entre as várias economias, essa ainda se mostrava superficial, podendo a história mundial ser contada a partir da soma das várias histórias locais e nacionais. Agora, os espaços vazios haviam-se reduzido pela expansão dos transportes e comunicações, permitindo a criação incessante de novos mercados.

PIANOS DE ERARD

INCONTESTAVELMENTE RECONHECIDOS OS PRIMEIROS PIANOS DO MUNDO.

UNICO DEPOSITO LEGITIMO

Rua do Ouvidor n°, 84. Afinão-se, alugão-se e trocão-se.

N. B. — Affirmar que só os pianos inglezes são proprios para o Brazil, póde ser uma boa especulação, porem acreditar tal, sem discriminar, seria uma forte asneira.

PIANOS INGLEZES

Os pianos inglezes são os que mais resistem ao variavel clima do Brazil.

Domingos Cartalião tem no seu armazem acima um grande sortimento de pianos, o melhor que ha neste genero, dos autores Hopkinson, Collard, e Broadwoo', de cauda, esesa e meio armario, os quaes se afiança a sua legitimidade.

N. B. — Affirmar que os pianos inglezes dos autores acima mencionados não são os que mais resistem ao variavel clima do Brazil, será uma boa especulação, porém acredita-lo seria uma rematada loucura.

No século XIX, uma forte concorrência entre produtos manufaturados ingleses e franceses já chegava ao Rio de Janeiro, indicando a abertura do mercado e a presença dos "importados". Na foto: anúncio ressaltando a qualidade dos pianos de cada país. *Jornal do Comércio*, 1851.

Vejamos alguns dados elucidativos:

- De 1850 a 1880 o número de quilômetros cobertos por vias férreas passa de 38 mil para 367 mil no mundo inteiro, abarcando a Europa, interligando as costas oeste e leste dos Estados Unidos, atravessando a China e a Índia, além de chegar aos países da América Latina e a alguns países da África, como Egito e África do Sul.
- O telégrafo já havia sido instalado em 1860 em todos os países da Europa e nos Estados Unidos, expandindo-se depois para as áreas coloniais e para as nações independentes da América Latina.
- A partir de 1865, os cabos submarinos internacionais passaram a ser instalados nos oceanos, permitindo o envio de mensagens de Londres a Calcutá, na Índia, em não mais do que cinco minutos.

Os contemporâneos desse processo de formação de uma economia mundial não deixaram de registrar as suas impressões sobre a nova realidade. No entender do pensador Karl Marx, a integração dos mercados era uma criação dos capitalistas para aumentar a sua riqueza. A expansão do sistema de sociedades anônimas permitia, pela emissão de ações, financiar vultosos projetos com recursos das classes médias e dos banqueiros. Para a burguesia, o que contava era o mercado mundial. De acordo com suas palavras:

> Pela exploração do mercado mundial, a burguesia imprime um caráter cosmopolita à produção e ao consumo em todos os países [...]. As novas indústrias não empregam mais matérias-primas nacionais, mas sim matérias-primas vindas das regiões mais distantes, cujos produtos se consomem não somente no próprio país, mas em todas as partes do globo [...]. Em lugar do antigo isolamento de regiões e nações que se bastavam a si próprias, desenvolve-se um intercâmbio universal, uma universal interdependência das nações. E isto se refere tanto à produção material como à produção intelectual...

Em 1875, outro Karl, esse não de sobrenome Marx, dizia mais ou menos o mesmo com outras palavras: "o mundo é uma cidade". O barão e magnata Karl Meyer von Rothschild lamentava-se por ter perdido muito dinheiro com a queda das ações em todas as Bolsas de Valores do mundo.

Como não poderia deixar de ser, o Brasil era parte desse mercado mundial por meio da exportação de café e da importação de mercadorias de luxo (pianos ingleses e franceses, por exemplo) e de bens industriais, mas também da implantação das ferrovias e telégrafos em seu território. O ex-deputado da Câmara, durante o Império, e escritor Joaquim Nabuco afirmava em 1900: "Sou antes um espectador do meu século do que do meu país; a peça é para mim a civilização, e se está representando em todos os teatros da humanidade, ligados hoje pelo telégrafo".

Joaquim Nabuco estava assim se referindo a uma civilização, à ocidental, cujos padrões de consumo, técnicas de produção e valores culturais não se encontravam restritos a uma nação, nem mesmo às nações avançadas, ainda que na sua época o mercado de consumo estivesse restrito às elites, classes médias e alguns segmentos de trabalhadores dos países desenvolvidos.

Nessa época também já se percebia que a internacionalização dos mercados envolve agentes dinâmicos e receptores. Como reflexo disso, os países que introjetaram as novas tecnologias e formas de produção foram se distanciando dos que eram tão somente consumidores da modernização, por meio da aquisição de produtos industriais importados para as suas elites.

Se algo integrava essas duas regiões – a dinâmica, de um lado, e a reflexa, de outro – era a sensação de mudança, a crença no progresso. Porém, enquanto na primeira a urbanização estava associada à expansão de trabalhadores assalariados e à redução do analfabetismo, acarretando uma transformação completa das estruturas da sociedade, na segunda região, a integração ao sistema capitalista dava-se de forma ainda superficial, no setor externo, enquanto proliferavam massas de trabalhadores subnutridos, analfabetos e ex-escravos nos campos e cidades.

Agora, a criação de um mercado mundial não mais se restringia ao avanço do comércio e à aplicação de capitais. A imigração mudou a constituição étnica das nações. Os fluxos de mão de obra eram avassaladores. Nessa época, cerca de 60 milhões de europeus deixaram as suas terras para povoar os Estados Unidos, a Austrália, a Argentina e o Brasil, o que era facilitado pela inexistência da exigência de passaportes.

Essa onda de internacionalização teve ainda um outro alento no final do século XIX com as novas tecnologias que permitiram a produção de aço e de novas matérias químicas, o desenvolvimento da eletricidade, do motor à combustão interna – relacionado à invenção do automóvel – e dos telefones. Essa foi a Segunda Revolução Industrial.

Novos produtos e tecnologias iriam percorrer o planeta, padronizando os estilos de consumo e de vida. Na virada para o século XX, surgem as primeiras grandes marcas globais, como a Coca-Cola norte-americana e a Singer alemã – esta última, responsável por três quartos do mercado mundial de máquinas de costura.

PERÍODO Entreguerras: recuo

Se a criação de um espaço internacional de transações econômicas, de fluxo de mão de obra e transmissão de informações foi uma tendência dos últimos cinquenta anos do século XIX e dos primeiros anos do século XX, é também verdade que esse espaço se restringiu de maneira súbita com a eclosão da Primeira Guerra Mundial, em 1914. Nem poderia deixar de ser, já que a guerra ocasionou uma restrição dos fluxos de comércio e de capitais, tornando as fronteiras geográficas rigidamente delimitadas.

Ao mesmo tempo, o surgimento de uma nação socialista, a Rússia, apontava para uma crítica ao mundo capitalista, que se desenvolvia a partir da crescente expansão dos mercados. Se mais países se tornassem socialistas, o mundo estaria dividido e o sistema econômico internacional circunscrito a algumas áreas geográficas.

Para complicar esse cenário, a crise de 1929, que se iniciou com a quebra da Bolsa de Nova York, estendeu-se por todos os lados. O desemprego chegou a 30% da população economicamente ativa nos Estados Unidos e superou a casa dos 20% nas nações europeias, atingindo 44% dos trabalhadores alemães. A periferia do mundo capitalista literalmente "quebrou", já que dependia desses mercados para as exportações, bem como dos seus investimentos e capitais, os quais buscaram o "rumo de casa". Os empréstimos bancários internacionais praticamente evaporaram. O sistema monetário internacional, cuja base era o padrão-ouro – que estabelecia que as moedas deveriam ter cotações de acordo com a quantidade de ouro nas suas reservas –, foi desmantelado.

Para cada país tratava-se agora de "crescer a partir das próprias pernas", expandindo os mercados internos e construindo obras públicas para gerar empregos e recuperar o nível de investimentos dos capitalistas nacionais. Assim o fizeram os nazistas na Alemanha, os social-democratas suecos, os governos da França e da Inglaterra, os norte-americanos, sob a condução do presidente democrata Franklin Roosevelt e os latino-americanos, mediante governos populistas. Era o ápice de uma economia comandada pela política e pela desconfiança para com o mundo exterior.

A título de ilustração, pode-se apontar que o volume de comércio internacional manteve-se praticamente estável entre 1913 e 1948, ao passo que entre 1890 e 1913 ele havia dobrado, para no período seguinte, 1948-1971, aumentar cinco vezes. O período entreguerras significou um interlúdio entre duas ondas de internacionalização dos mercados.

DEPOIS DA Segunda Guerra Mundial: novo avanço

Duas características centrais distinguem essa nova fase de internacionalização da economia das anteriores. Em primeiro lugar, as tecnologias da Segunda Revolução Industrial contam agora com a produção e o consumo de massa. O padrão de organização da produção norte-americana passa a ser reproduzido nos países europeus e depois nos países do chamado Terceiro Mundo, subdesenvolvidos, que não se curvaram à influência socialista. O desafio agora era produzir bens de consumo padronizados para um número cada vez maior de pessoas.

Ou seja, uma gama de produtos até então considerados luxuosos passaram a ser de uso popular, especialmente nos países desenvolvidos, tais como: geladeira, máquina de lavar, ferro elétrico, telefone, rádio de pilha, televisão, sandálias de plástico, tênis, calças *jeans*, detergentes, xampus, escova e pasta de dente, alimentos industrializados, refrigerantes, discos de vinil, relógios digitais, calculadoras de bolso, aspiradores de pó, máquinas fotográficas, bicicletas, automóveis, cosméticos e remédios à base de novas substâncias, como os antibióticos. Produtos esses com custos decrescentes, geralmente de uso pessoal, miniaturizados no caso dos eletrônicos portáteis, os quais eram fabricados por grandes empresas dos países desenvolvidos, que passam então a montar as suas fábricas fora do seu local de origem.

Mas o que essa reestruturação do capitalismo, dos meios e fins da organização da produção, tem a ver com a crescente internacionalização das economias? Ora, aqui, como sempre na história do capitalismo, tratava-se de uma questão de expandir os mercados, de adquirir o que os economistas chamam de economias de escala. Em outras palavras, produzir em grandes fábricas mais produtos e com menor custo para torná-los acessíveis a um número maior de consumidores dentro ou fora do país, fazendo uso constante de novas tecnologias barateadoras. As estratégias de *marketing* e publicidade foram acionadas para que esses produtos fossem constantemente substituídos por modelos mais novos e de "melhor qualidade", mantendo assim o ritmo elevado de aumento da produção.

No plano nacional, governos procuravam criar um Estado do Bem-Estar Social, financiando, com recursos públicos, as despesas sociais dos cidadãos (escola, saúde e previdência, transporte) e estimulando a geração de empregos, ao passo que as políticas monetárias (juros baixos) colaboravam para a expansão do capital privado, pois os custos dos empréstimos eram baratos, especialmente num contexto de expansão dos mercados.

No pós-guerra, a industrialização chegaria também aos países "da periferia" – Brasil e México, na América Latina, Índia, Egito e Sudeste Asiático – trazendo aumento da produção e do emprego, graças, em parte, às políticas de fomento executadas por seus governos. Foram "os anos de ouro do capitalismo".

A concorrência entre capitais internacionais era travada, nesse momento, nos próprios mercados internos e não somente nos externos. Tal processo se iniciou com as empresas multinacionais norte-americanas que passaram a operar na Europa. Nesse período, a produção destas empresas estava voltada para o território em que o produto era fabricado, havendo um certo espaço para a expansão das exportações. Ou seja, a esfera produtiva ainda não estava organizada em grandes cadeias globais, em que as várias etapas de produção se distribuiriam em diferentes países ou continentes como ocorreria a partir dos anos 1970 e, de forma mais significativa, nos anos 1980 e 1990.

Se a internacionalização avançava, até os anos 1970, por meio da expansão do comércio e das multinacionais, encontrava também algumas barreiras significativas. Nesse período, cerca de um terço da população mundial estava sob regimes socialistas, além da existência dos regimes nacionalistas geralmente reticentes à presença do capital externo. O bloco socialista constituía um subsistema político e econômico relativamente apartado do bloco capitalista, dificultando a generalização de um sistema econômico mundialmente integrado.

Nos anos 1970, cerca de dois terços das exportações do mundo socialista se davam entre os países componentes desse mesmo bloco.

No início dos anos 1970, com a desvinculação do dólar em relação ao ouro, o sistema monetário internacional tornou-se mais instável, o que propiciou o aumento das taxas de inflação e de desemprego no mundo desenvolvido e a queda da lucratividade das empresas, especialmente num contexto de crise do petróleo. A onda de internacionalização econômica parecia estar às vésperas de um novo refluxo. Entretanto, como veremos, ela se revitalizou de forma impressionante nos anos 1980 e 1990, alcançando novas esferas e apresentando um ritmo de aceleração até então imprevisível.

GLOBALIZAÇÃO: o que há de novo?

É difícil demarcar com precisão uma data que simbolize o início da nova onda de internacionalização dos mercados. Como sempre na história, e especialmente quando se trata de um processo complexo e com vários ritmos, o novo se mescla com o antigo, ao mesmo tempo em que o futuro é criado a partir do presente repleto de possibilidades.

Nesse sentido, a globalização significa um processo que segue algumas tendências já presentes no passado, mas que agrega novos elementos, trazendo transformações qualitativas. Daí o fato de chamarmos de globalização e não simplesmente de internacionalização, o atual processo de expansão mundial dos mercados.

Segundo o sociólogo espanhol Manuel Castells, a partir da década de 1980, teve início "um evento histórico da mesma importância da Revolução Industrial do século XVIII, induzindo um padrão de descontinuidade nas bases materiais da economia, sociedade e cultura".

Um primeiro aspecto que diferencia a globalização das fases pretéritas de internacionalização é o fato de que praticamente todos os países do mundo estão nela inseridos, procurando se sintonizar com as correntes de comércio e de capitais da economia internacional.

Dessa forma, o evento simbólico da queda do Muro de Berlim, em 1989, que trouxe consigo a derrocada dos regimes socialistas do Leste Europeu, significa que a expansão do mercado não está mais limitada por uma ideologia opositora ao capitalismo. Mesmo os países que se mantêm socialistas no nome, realizam esforços para se inserirem na economia global, como é o caso da China.

Segundo essa perspectiva, a globalização poderia encontrar suas origens no início da década de 1990, quando passa a afetar praticamente todos os países do antigo Terceiro Mundo e do ex-bloco socialista. Isso significa que se abriu, de uma hora para outra, uma fronteira inesperada e excepcional para a acumulação de capital, enquanto nos países onde já estava presente, o capitalismo criou novos espaços para o investimento, a partir da privatização e da abertura dessas economias.

A globalização também se distingue pela expansão internacional do capital financeiro, em que se cria uma interligação entre os mercados de moedas, de títulos da dívida pública e de ações, algo que se inicia nos anos 1970 e se concretiza nos anos 1990, como veremos adiante.

A globalização vem ainda acompanhada de uma nova ideologia política, o neoliberalismo. Seguindo o exemplo do presidente norte-americano Ronald Reagan e da primeira-ministra inglesa Margaret Thatcher, vários governantes, justificados pelo neoliberalismo, passaram a adotar políticas de abertura de mercado, de corte dos impostos e estímulo à privatização – como no caso dos países europeus durante os anos 1980 e dos países latino-americanos e do Leste Europeu nos anos 1990. As economias asiáticas mostraram-se mais reticentes à aceitação dessa nova ideologia.

Por último, podemos também examinar a globalização a partir do surgimento de novas tecnologias – microeletrônica, informática e biotecnologia – voltadas para o armazenamento e intercâmbio de informações, permitindo que as empresas e instituições funcionem em rede, com um grau significativo de flexibilidade e adaptabilidade. Não seria exagerado dizer que as dimensões políticas, ideológicas, produtivas e financeiras da globalização se aproveitaram significativamente dessas novas tecnologias.

Ou seja, a globalização surge a partir da ampliação do espaço de conexão entre os fluxos financeiros, de investimentos, comércio, ideologias, informações e de valores políticos e morais, que não pode ser caracterizada como uma simples internacionalização

A expansão mundial dos mercados chega ao seu ápice no final do século XX. Na foto: uma campanha publicitária da Coca-Cola com a chamada: "Somente um lançou uma campanha que conquistou o mundo".

dos mercados. Trata-se de uma transformação em várias frentes, que não são acessíveis somente aos grandes grupos econômicos, mas também a pequenas empresas, indivíduos e movimentos sociais. Esses vários atores não somente se encontram no âmbito internacional, já que organizam seus investimentos, aplicações, propostas e ideias levando em conta, não um ou dois países, mas todas as possibilidades abertas pelo mundo globalizado.

FENÔMENO complexo ou caótico?

A globalização caracteriza-se por ser um fenômeno de natureza complexa.

A velocidade das transformações políticas, ideológicas, financeiras, produtivas é tão pronunciada que se torna difícil acompanhar todas as mudanças. As dimensões da globalização seguem ritmos diferenciados e até opostos entre si. Cingapura é um dos países mais abertos do mundo ao capital internacional, ao passo que mantém o líder ditatorial, Lee Kuan Yew, no poder desde 1965; a Malásia, depois da abertura dos anos 1990, "fechou as portas" para a saída de capital quando da crise financeira que assolou a Ásia em 1997; a China mantém o regime de partido único, enquanto abre o seu mercado a empresas multinacionais; a Rússia experimenta eleições democráticas, mas possui boa parte da sua economia baseada no contrabando.

Nesse contexto, torna-se cada vez mais difícil elaborar projeções econômicas. As economias interpenetram-se crescentemente, enquanto os capitais e os agentes econômicos possuem um enorme poder de adaptação à mudança dos cenários, transferindo-se de um país a outro. Assim, as ferramentas construídas por economistas de formações distintas para debelar as crises mostram-se insuficientes. Os Estados, no geral, arrecadam menos impostos. Os juros elevam-se na maioria dos países e, apesar da inflação baixa, poucas economias ostentam altos índices de crescimento. Há várias terapias de combate ao desemprego, mas poucas parecem dar resultados. Há setores de alta e de baixa produtividade, uns dependendo dos outros. A economia global não está imune a crises recorrentes, afetando preferencialmente os países mais pobres e indefesos. Como preveni-las? A verdade é que ninguém sabe.

Por outro lado, se a política continua circunscrita aos Estados Nacionais, compostos geralmente de poderes Executivo, Legislativo e Judiciário, esses se mostram crescentemente incapazes de combater o desemprego, a pobreza, a corrupção. Como criar instituições globais que possam gerir esse novo mundo aparentemente caótico, e como conferir a elas legitimidade, se os países possuem interesses diversos, assim como os trabalhadores, empresários, ecologistas, movimentos feministas e de minorias que também defendem projetos globais?

Daí a percepção tão comum hoje em dia de que o mundo se tornou caótico, já que a globalização consiste num conjunto de processos, que possuem ritmos e velocidades diferentes, os quais muitas vezes se chocam, não havendo uma entidade coordenadora global. Nesse cenário, fica a imagem de que vivemos numa selva em que o mais forte vence.

Não existe, portanto, uma teoria da globalização pronta e acabada, pois num contexto de crescente diversidade entre os países – já que são várias as formas de participar do "jogo" global – qualquer análise comparativa torna-se um exercício heroico. Além disso, como veremos adiante, as interpretações existentes sobre a globalização revestem-se de conotações políticas e ideológicas.

AS IDEIAS também se globalizam

Não só os mercados assumem, no capitalismo, uma dimensão crescentemente internacional; as ideias geradas em alguns lugares também "viajam" e influenciam a realidade de outros povos. Aqui, tal como no caso dos mercados, há os países produtores e os receptores de ideias. Por sua vez, os receptores de ideias geralmente as utilizam de acordo com os seus interesses e problemas específicos.

Se a Revolução Industrial, que permitiu um aumento da capacidade produtiva dos sistemas econômicos, teve início na Inglaterra, a Revolução Francesa, do final do século XVIII, trouxe consigo um conjunto de valores e ideias que influenciaram vários movimentos sociais e políticos no restante do mundo, a ponto de os ideais de Liberdade, Igualdade e Fraternidade terem-se mostrado cruciais para a revolução dos escravos do Haiti, que adquiriu a sua independência em relação à França em 1804.

Esses mesmos ideais cumpriram um importante papel na Inconfidência Mineira do Brasil e na independência de parte da América Espanhola, sob os ideais de Simon Bolívar. Na mesma época, a Independência dos Estados Unidos teria seus ideais constitucionais e de democracia transportados ao restante do mundo.

Já no século XIX, o liberalismo inglês seria "exportado" a vários países do mundo. Ou seja, junto com a expansão dos mercados, um conjunto de regras de boa conduta política era bastante difundido, como o respeito à Constituição, ao padrão-ouro e aos princípios liberais do Estado de direito. Prova disso foi a pressão inglesa para o fim do tráfico negreiro no Brasil.

No século XX, durante o auge da Guerra Fria, as ideias continuariam a se internacionalizar, mantendo-se, entretanto, o mundo dividido entre dois blocos: de um lado, as ideias de democracia e de economia de mercado; de outro, a ideia de revolução socialista, que atrairia países do Terceiro Mundo recém-libertados da dominação colonial, como nos casos da Argélia, do Vietnã e tanto outros.

Nesse período, porém, em ambos os lados, havia uma ideia-força geral, que assumia diversas conotações, dependendo de quem a defendesse: o desenvolvimento. Ou seja, os países deveriam se industrializar a fim de conquistar a sua independência econômica, o que tornou importante a intervenção do Estado para corrigir as falhas de mercado ou para dinamizar sociedades consideradas atrasadas.

A partir dos anos 1980 e 1990, duas ideias passaram a ganhar força, sendo defendidas em todos os lugares, ainda que com diversos propósitos. De um lado, a ênfase na democracia como forma de tornar as decisões públicas controladas pelos cidadãos e, de outro, a ênfase nas vantagens do livre mercado, ou neoliberalismo, que relaciona a abertura das economias com a volta ao crescimento e com o aumento da eficiência dos sistemas produtivos.

O avanço na velocidade das comunicações e a presença da mídia globalizada, endossando a vantagem dessas novas ideias, contribuíram para que elas se expandissem e influenciassem a maioria dos países. Tal como no período de hegemonia inglesa do século XIX, as ideias chegavam primeiro, tratando de abrir espaço para os mercados.

Mas a crítica ao neoliberalismo como ideologia dominante também se espalha mundialmente, justificando um certo controle ao excesso de liberdade do capital financeiro, um papel mais destacado do setor público na economia e uma redução do predomínio dos interesses dos países ricos em instituições como o FMI, o Banco Mundial e a OMC. Isso porque, com a difusão de informações e até mesmo de livros, textos e manifestos – de forma quase instantânea –, as ideias assumem um papel fundamental, uma vez que são compartilhadas não só entre os governos, mas também entre os cidadãos do mundo inteiro, ao menos entre aqueles com acesso à livros, conectados à internet ou a outros meios de comunicação.

As quatro esferas da globalização econômica

Em artigo publicado no jornal *Los Angeles Times*, em julho de 2000, o economista norte-americano Paul Samuelson proferiu a seguinte frase: "Economicamente, o mundo inteiro é interdependente e mais ainda do que em qualquer momento do passado". Em outros termos, podemos dizer que, a partir dos anos 1980 e com mais evidência na década de 1990, a economia mundial ingressou num novo patamar de internacionalização.

A rigor, entretanto, não se pode dizer que exista hoje uma economia inteiramente global. Ou formulado de outra maneira, a economia global, com capacidade de funcionar em tempo real, abstraindo as fronteiras e atuando de forma planetária, ainda não ocupa todo o espaço da economia mundial. Isso porque continuam existindo barreiras significativas em alguns setores produtivos, regiões e países.

Por exemplo, no início do século XXI, os Estados Unidos cobram uma tarifa de importação de quase 236% para o açúcar brasileiro e de cerca de 45% para o suco de laranja, no intuito de proteger a citricultura do estado da Flórida, ao mesmo tempo que impõem um limite de 25% do capital acionário para a participação de investidores externos em empresas do setor de telecomunicações. A Europa subsidia os seus produtores agrícolas e impede a entrada da carne com hormônio norte-americana. O Japão limita seriamente o seu mercado para bancos internacionais, ao passo que na Coreia manifestações sociais são realizadas para impedir o controle da Daewoo, coreana, pela norte-americana General Motors. Na China, até o ano de 2006, apesar de seu ingresso na OMC em 2001, ainda havia sérias restrições para a entrada de empresas estrangeiras no setor de seguros e financeiro. Além disso, várias empresas chinesas fazem apenas cópias "ilegais" de produtos multinacionais, para depois desenvolver seus próprios produtos.

Ou seja, se o capital se globaliza a um ritmo crescente, é também correto dizer que existem regulamentações diferenciadas nos sistemas financeiros dos vários países, além de barreiras tarifárias e não tarifárias – tais como cotas, sobretaxas, medidas *antidumping*, salvaguardas – cujo papel é proteger o mercado interno das importações. Além disso, a maioria das multinacionais mantém grande parte dos seus ativos nos países de origem, da mesma forma que as novas tecnologias não são imediatamente acessíveis em todas as partes do planeta. Os remédios patenteados para o tratamento da aids não atendem às necessidades das populações pobres de Zimbábue e Botsuana – países africanos, onde um em cada quatro adultos está infectado pelo HIV – em virtude dos seus preços elevados.

Alguns dados servem de ilustração para mostrar que uma parte significativa da economia mundial não se encontra conectada às grandes cadeias produtivas globais, geralmente lideradas pelas empresas multinacionais: 75% da produção mundial está voltada para os mercados internos das suas respectivas nações, nove em cada dez trabalhadores produzem para abastecer esses mercados nacionais e quase 90% do investimento é financiado com capitais domésticos, sendo que as novas tecnologias são, em grande medida, gestadas em centros universitários e de pesquisa, muitos dos quais com recursos públicos.

É também verdade, entretanto, que, na atual globalização, as dimensões internacional e transnacional têm assumido uma importância maior do que a dimensão nacional. Essa, apesar de majoritária, vem encolhendo, o que acarreta incertezas quanto à evolução econômica no futuro próximo, pois muitas vezes a capacidade de participar dessas cadeias produtivas globais controladas por empresas multinacionais, de obter empréstimos internacionais ou acesso preferencial a alguns mercados pode definir o destino de economias locais e nacionais.

Para conhecermos essa realidade, em toda a sua complexidade, devemos acompanhar a história de cada uma das esferas da globalização econômica, sejam elas – comercial, produtiva, financeira ou tecnológica – revelando as suas complementaridades e contradições.

A GLOBALIZAÇÃO comercial

Falando de medidas

Tal como as demais esferas, a globalização comercial não surge da noite para o dia, tem uma história, sendo que muitas vezes períodos de abertura dos mercados são sucedidos por períodos de diminuição das trocas internacionais.

Desde o final da Segunda Guerra Mundial, vivenciamos uma paulatina abertura do mercado internacional, ainda que em diversos ritmos nos vários países. Como avaliar então o quanto avançou a globalização comercial no período recente, bem como o quanto os países se tornaram mais dependentes dos mercados externos? Segundo dados do Banco Mundial, enquanto as exportações representavam 12,5% do PIB mundial em 1980, este percentual já superava os 25% em 2000. Uma boa medida da globalização comercial – o *coeficiente de abertura* – pode ser calculado a partir da participação do comércio exterior (exportações mais importações) no total produzido em cada país. Quando o volume de comércio – produção destinada ou proveniente de outros mercados – cresce mais rapidamente do que o volume total produzido, isso indica que as economias estão se abrindo e que os mercados internos perdem importância como fonte de escoamento da produção local.

Essa medida pode ser utilizada individualmente para cada país, aferindo o grau de exposição ao comércio internacional, e sendo equivalente à soma das exportações e das importações (corrente de comércio), divididos o total pelo PIB nacional – conjunto das riquezas produzidas pelo país em um determinado ano.

Obviamente que essa medida varia bastante. Em alguns países, os mercados internos continuam muito importantes, como

41

nas economias de grande extensão territorial e/ou com elevados contingentes populacionais – China, Estados Unidos, Brasil e Japão, por exemplo – enquanto em outros se opta pelo crescimento econômico voltado para a exportação a outros mercados, possuindo o mercado interno uma relevância marginal – Chile, México, Cingapura, Irlanda e Vietnã, por exemplo.

Em 1998, enquanto os coeficientes de abertura de Brasil, Estados Unidos e Japão se encontravam abaixo de 20%, nos casos de Chile, Coreia e México esse indicador superava a casa dos 50%. Na China, ele é de 35%, lembrando sempre que neste país as exportações saltaram de US$ 1 bilhão em 1979 para cerca de US$ 600 bilhões em 2005, perfazendo mais de 6% das vendas externas globais e ficando atrás apenas da União Europeia e dos Estados Unidos. Na França, esse coeficiente é de 40%, mas isso porque dirige seu comércio exterior de forma concentrada para a União Europeia, que se tornou um grande mercado interno, envolvendo ao todo 27 países, já que das 15 nações que compunham este bloco, ao final do século XX, foram acrescentadas 12 do Leste Europeu a partir de 2004.

Ainda que em vários ritmos, a partir dos anos 1970, e especialmente durante os anos 1980 e 1990, os coeficientes de abertura se elevaram em quase todos os países do mundo, o que reflete a maior participação das exportações no produto mundial e, por consequência, o fato de que uma parcela cada vez maior do que é produzido localmente encontra o seu mercado de consumo em outros países. Hoje, por exemplo, os índios terenas do Pantanal brasileiro exportam, por meio de cooperativas, manga orgânica, sem defensivos, para os países da União Europeia.

O outro lado dessa realidade pode ser visto a partir da substituição do que antes era produzido no mercado nacional pelas importações. Se esse aspecto contribui para uma maior universalização dos padrões de consumo e das novas tecnologias, pode trazer consigo um acirramento do desemprego e o enfraquecimento de regiões produtoras de artigos específicos como no caso da indústria têxtil da cidade de Americana, no interior de São Paulo, dos produtores de vinho no sul do Brasil, da indústria automotiva com sede na cidade de Detroit, nos Estados Unidos, ou da indústria siderúrgica em algumas regiões da Inglaterra.

A abertura depois dos anos 1970

A novidade é que agora existe um progressivo descolamento entre os vários mercados internos e o cada vez mais extenso mercado externo. Entre 1945 e 1970, o comércio internacional também crescia mais rápido que o produto mundial. Contudo, o dinamismo do crescimento econômico era ainda dado pelos mercados internos. A partir de então, o dinamismo do mercado externo vem roubando espaço do mercado interno: enquanto a produção mundial cresceu 2,4% ao ano na década de 1990, o comércio mundial apresentou uma taxa de incremento anual de 6,4%. Isso tem feito com que muitos países adaptem as suas estruturas de produção para fornecer a outros mercados.

Entretanto, seria exagerado dizer que o mercado interno – ou seja, a produção voltada para o consumo no próprio país – perdeu relevância. Na verdade, o mercado interno continua funcionando, por exemplo, como mecanismo de atração para empresas multinacionais que podem se tornar futuramente exportadoras. Além disso, em países como Brasil, Índia e México, em que uma grande parte da população não conseguiu ainda satisfazer as suas necessidades básicas de consumo, há muito espaço para o crescimento do mercado interno.

Alguns países, os chamados tigres asiáticos – Coreia do Sul e Taiwan, por exemplo –, conseguiram conquistar mercados externos ao mesmo tempo que expandiam os mercados de consumo locais; um conjunto de empresas nacionais surgiu como fornecedores de peças, componentes e máquinas para as empresas exportadoras. Na Coreia do Sul, é raro ver um automóvel importado nas ruas, enquanto os novos modelos da Hyundai, grande empresa de capital nacional desse país, podem ser encontrados em todas as grandes cidades do mundo.

O processo de abertura dos mercados às importações, acelerado a partir dos anos 1970, variou bastante de país para país, tendo sido estimulado por dois tipos de ações. Em primeiro lugar, no âmbito internacional, desde 1947, com a criação do Tratado Geral para Tarifas e Comércio (GATT) – composto por 23 países neste ano e contando já com 102 países na Rodada Tóquio de negociações, entre 1973 e 1979 – verificou-se uma redução das tarifas de importações, tornando-as mais baratas.

Em segundo lugar, alguns países, especialmente os subdesenvolvidos, passaram a reduzir de forma unilateral as barreiras comerciais, tanto as tarifas de importação como as barreiras não tarifárias, que cumprem o papel de proteger os setores mais sensíveis da produção local.

Ou seja, a abertura dos mercados desses países foi motivada, em parte, pela pressão dos órgãos multilaterais como o FMI e o Banco Mundial – comandados pelos governos dos países desenvolvidos, que necessitavam de uma forte ampliação dos seus mercados – e, em parte, pelas lideranças políticas nacionais, que acreditavam poder aumentar a competitividade dessas economias, por meio da importação de máquinas e insumos de melhor qualidade, a custos mais baixos.

Os países desenvolvidos, contudo, continuaram protegendo os setores menos competitivos de sua economia, como o agrícola e o têxtil, e chegaram mesmo a aumentar os subsídios e os mecanismos de controle de importações, tentando "driblar" a globalização e defender os seus produtores locais. Por outro lado, abriram o seu mercado justamente naqueles setores industriais em que já possuíam a dianteira na economia internacional.

Dessa forma, não seria incorreto dizer que a globalização comercial afetou de forma diferenciada países desenvolvidos e subdesenvolvidos, os primeiros como fornecedores dos produtos de ponta e os segundos como consumidores desses produtos. Por sua vez, a maioria dos países subdesenvolvidos não conseguiu aumentar as suas exportações na magnitude necessária, durante os anos 1990, mesmo nos segmentos tradicionais em que são mais competitivos.

Um grupo seleto, até então considerado subdesenvolvido, formado pelos "tigres asiáticos" – Cingapura, Coreia do Sul, Hong Kong e Taiwan –, tornou-se exportador de produtos avançados tecnologicamente – eletrônicos, máquinas, automóveis e equipamentos de telecomunicações – aproveitando-se da tendência geral de abertura dos mercados e utilizando-a em benefício próprio.

Cabe lembrar ainda que a globalização comercial, a partir dos anos 1980 contou com o apoio do desenvolvimento das outras esferas da globalização, especialmente da produtiva e da tecnológica. Isso porque, com a expansão das multinacionais, ampliou-se o comércio entre filiais e matrizes das empresas situadas em diversas partes do globo. Já as novas tecnologias de informática e telecomunicações permitiram maior aproximação entre países e empresas a custos reduzidos, bem como a elaboração de estratégias de *marketing* para os produtos em vários países do mundo, adequando-as às preferências dos consumidores locais.

Comunidades tradicionais também entraram na "onda da globalização". Na foto: cacique mostra frutas que, depois de transformadas em geleia e suco, abastecerão os mercados europeus.

A nova (mas nem tanto) divisão internacional do trabalho

Descontando os casos de sucesso dos "tigres asiáticos", a globalização comercial não alterou radicalmente a divisão internacional do trabalho. Ou seja, enquanto países como Japão, Estados Unidos e União Europeia continuam se destacando na exportação de produtos industrializados mais sofisticados, os países da América Latina e de boa parte do continente asiático possuem suas exportações concentradas em produtos primários e/ou produtos industriais da "velha economia": aço, papel, produtos químicos básicos, máquinas convencionais e peças de automóveis. Mesmo nos setores agrícola, têxtil e de calçados, os países do hemisfério sul fornecem a matéria-prima e até mesmo elaboram o produto, vendendo-o a preços baixos, enquanto os países do hemisfério norte contribuem com o *marketing*, o design e a distribuição, cobrando altos preços no mercado internacional. Como no caso da Nike, empresa norte-americana, que concentra 90% da fabricação de seus tênis e material esportivo em países como Coreia do Sul, Taiwan e Indonésia; ou da empresa norte-americana de vestuário GAP, que possui parte significativa da sua produção em países como a Guatemala.

Só para se ter uma noção da nova hierarquia do comércio internacional, as três principais economias do planeta – a chamada tríade, composta por Estados Unidos, União Europeia e Japão – contam com 13% da população mundial e respondem por 70% da produção mundial e das exportações de produtos industrializados, além de abrigarem as principais indústrias de alta tecnologia. Já os demais países – aqueles que compunham o antigo bloco socialista e o antigo Terceiro Mundo – seguem, em grande medida,

Peso do Japão, dos Estados Unidos e da União Europeia no mundo.

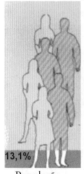

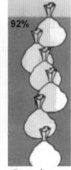

População   PIB   Investimentos no exterior   Capitalização

Grandes empresas multinacionais acabam por transferir parte de sua produção para os países pobres, nos quais a mão de obra é mais barata.
Na foto: fábrica da Nike na Indonésia.

produzindo mercadorias de baixo preço e menor sofisticação tecnológica. A exceção, como vimos, são os "tigres asiáticos", os quais, segundo alguns especialistas teriam migrado da condição de países em desenvolvimento para a de países desenvolvidos. No ano de 1997, esses países participavam com 15,6% das exportações mundiais de produtos industrializados, contra 3,9% da América Latina e 0,8% da África.

Portanto, se é verdade que existe uma nova divisão internacional do trabalho com a transferência da produção de peças e componentes ou de produtos industriais finais de baixo preço para os países periféricos, a antiga divisão internacional do trabalho não desapareceu, já que as etapas de produção mais nobres e que exigem maior conteúdo tecnológico continuam sendo executadas nos países da "tríade" – Estados Unidos, União Europeia e Japão.

O caso do continente africano mostra bem os limites da globalização comercial para países que não desenvolveram ou não puderam criar especializações nos setores mais avançados da indústria. A economia da grande maioria desses países cresceu nos anos 1990 menos do que nos 1970; as exportações, no início do século XXI, encontram-se estagnadas (tanto as industriais como as de produtos primários), ao mesmo tempo em que os níveis de endividamento externo são expressivos. Na América Latina, o cenário é mais complexo. Há desde os países basicamente exportadores de produtos tradicionais – como Bolívia, Colômbia e Venezuela – até países que, se não tiveram o mesmo sucesso que os países do Sudeste Asiático, conseguiram tornar-se, em alguns setores, importantes exportadores industriais como o Brasil e o México, especialmente este último que conta com as *maquiladoras* – empresas multinacionais norte-americanas que montam eletroeletrônicos e outros produtos e os revendem para o mercado norte-americano. No meio do caminho está o Chile que, desde os anos 1980, tornou-se um grande exportador de frutas, vinho e pescados, produtos que gozam de reputação no mercado internacional pela sua qualidade. Já a Argentina, experimentou, ao longo dos anos 1990, um forte processo de desindustrialização.

O mundo do início do século XXI não é tão simples como o do século XIX, que contava com dois grandes grupos de países: os centrais, industrializados, e os periféricos, que consumiam bens industriais e de luxo pagos com a exportação de produtos primários. A caracterização da economia mundial separada em dois grandes blocos – o centro e a periferia – não dá mais conta da realidade. Existem agora vários centros e várias periferias.

Nesse sentido, o economista brasileiro Cristovam Buarque propõe a ideia de uma nova divisão internacional, ignorando o aspecto geográfico. No seu entender existe um "Primeiro Mundo dos Ricos" que abriga inclusive regiões, setores e empresas dinâmicas e globalizadas da antiga periferia; e, de outro, um "Terceiro Mundo dos Pobres" que envolve regiões desindustrializadas do antigo Primeiro Mundo, além de boa parte dos sistemas econômicos dos países subdesenvolvidos.

Os países desenvolvidos, por sua vez, além de produtos de alta tecnologia, passaram a ser grandes exportadores de alimentos, auxiliados pelos benefícios da biotecnologia, "roubando" mercado das empresas dos países mais pobres. A Alemanha, sem possuir nenhum cafezal, hoje participa com 5% do total do café exportado no mundo. Qual a mágica? O país importa várias modalidades de café torrado e desenvolve novas combinações e aromas, reexportando como café solúvel.

Em síntese, a economia mundial não está caminhando para a unificação, mas para uma ainda maior polarização entre regiões pobres e ricas, só que agora estas podem ser encontradas tantos nos países desenvolvidos como subdesenvolvidos, mesmo que as regiões ricas se concentrem nos primeiros e as pobres nos segundos.

Um indicador é ilustrativo desse fato: enquanto a renda média dos 20 países mais ricos era 54 vezes maior que a dos 20 países mais pobres no início dos anos 1960, na virada do milênio essa diferença chegaria a 121 vezes, segundo dados da ONU. Ao final do século XX, a fortuna das 358 pessoas mais ricas do mundo (com mais de US$ 1 trilhão) era superior à renda de 2,7 bilhões de pessoas que habitavam nos países mais pobres.

A formação dos blocos regionais

Para compreendermos os significados e os limites da globalização comercial, devemos analisar a formação dos blocos econômicos, os quais, tal como a globalização, não é um processo recente. Desde o final da Segunda Guerra Mundial, algumas iniciativas de integração regional foram desenvolvidas na Europa, América Latina e Ásia.

Porém, somente nos anos 1990, verifica-se uma verdadeira expansão dos blocos regionais, envolvendo o aprofundamento da integração europeia, a criação do Nafta (Área de Livre-Comércio da América do Norte), a implementação do Mercosul e a expansão da ASEAN (Associação das Nações do Sudeste Asiático), que envolve dez países.

Características básicas dos blocos regionais - 2005

Blocos econômicos por regiões	Países-membros	Estágio	PIB (em U$$ bilhões)	Exportações (em US$ bilhões)	População (em milhões de pessoas)
Europa					
União Europeia (UE)	Alemanha, Áustria, Bélgica, Espanha, Eslovênia, Finlândia, França, Grécia, Holanda, Irlanda, Itália, Luxemburgo e Portugal (zona do euro); além de Dinamarca, Reino Unido e Suécia; de República Checa, Chipre, Eslováquia, Estônia, Hungria, Letônia, Lituânia, Malta, Polônia (desde 2004); e de Romênia e Bulgária (desde 2007)	1968 – área de livre-comércio e união aduaneira 1992 – mercado comum 1999 – união econômica	12.816	4.001	459
Américas					
Nafta	Canadá, Estados Unidos e México	1994 – área de livre-comércio	14.384	1.477	404
Mercosul	Argentina, Brasil, Paraguai e Uruguai, com adesão da Venezuela a partir de 2006	1995 – área de livre-comércio e união aduaneira incompletas	1.134	218	266
Ásia					
ASEAN	Associação das Nações do Sudeste Asiático – com 10 países, dentre os quais Cingapura, Filipinas, Indonésia, Malásia, Tailândia e Vietnã.	Existência de uma área de livre-comércio plena em 2008	884	594	559
África					
SADC	Comunidade para o desenvolvimento da África Austral – 13 países, dentre os quais África do Sul, Angola, Moçambique, Namíbia, Tanzânia, Suazilândia e Zimbábue.	Proposta de conclusão da área de livre-comércio em 2006	226	97	210

Fonte: Banco Mundial, OMC e Wikipédia.

Duas questões merecem ser colocadas acerca da expansão dos blocos regionais. Em primeiro lugar, devemos avaliar se a formação desses blocos é contraditória com a tendência mais geral de globalização. Durante os anos 1980, acreditava-se que a globalização se estenderia pelo mundo a ponto de dissolver os blocos regionais, ou então que a tendência de regionalização se tornaria mais vigorosa, ensejando uma guerra comercial entre blocos e comprometendo a própria natureza expansionista da globalização.

Nos anos 1990, passou a vigorar um consenso de que essas duas tendências – globalização e regionalização – são complementares. Esses blocos procuram resguardar alguma margem de manobra para negociar a atração de empresas multinacionais ao espaço regional, estimulando assim a globalização produtiva.

Além disso, se o comércio intrarregional – dentro do bloco – cresceu bastante nos anos 1990, percebe-se que o comércio entre blocos – extrarregional – também se tem expandido de forma significativa. Isso porque, muitas vezes, as negociações entre blocos se dão por meio de compromissos de liberalização comercial (queda de tarifas, redução de cotas e subsídios) recíprocos.

Em segundo lugar, cabe ressaltar que esses blocos regionais são de tipos diferentes, ou seja, encontram-se em estágios diversos de integração regional e possuem objetivos políticos e econômicos distintos. Podemos classificar as modalidades de integração econômica em quatro estágios, que variam de acordo com o grau de comprometimento por parte dos países membros com políticas comerciais e econômicas comuns:

- *Área de livre-comércio*: ausência de barreiras tarifárias e não tarifárias entre os países. Casos existentes: Nafta e ASEAN.
- *União aduaneira* (ou *alfandegária*): é um passo adiante em relação à área de livre-comércio, pois estabelece tarifas externas comuns para produtos importados de terceiros países. Casos existentes: Mercosul, ainda que incompleto, por não ter ainda harmonizadas, entre os países-membros, todas as tarifas aplicadas sobre os bens provenientes de fora da região, e Grupo Andino, que inclui Bolívia, Equador, Colômbia, Peru e Venezuela.
- *Mercado comum*: é um passo além da união aduaneira, já que estabelece a livre circulação de trabalhadores, serviços e capitais e implica maior coordenação das políticas macroeconômicas, além da harmonização das legislações nacionais (trabalhista, previdenciária, tributária etc.). Casos existentes: Comunidade Europeia entre 1992 e 1998.

- *União econômica*: prevê uma moeda e um Banco Central únicos para os países do bloco. Para o seu funcionamento efetivo, os países devem possuir níveis compatíveis de inflação, déficit público e taxa de juros; as taxas de câmbio tornam-se fixas entre esses países. Casos existentes: União Europeia (11 países) a partir de 1999.

A União Europeia é o único caso de bloco regional que já passou pelos quatros estágios, processo esse que durou quarenta anos, desde a assinatura do Tratado de Roma (1957), que dava início à constituição da área de livre-comércio, até a implementação da união econômica. Portanto, o lançamento da moeda euro e a criação do Banco Central Europeu representam a culminância de um longo processo de integração econômica e política entre os países europeus.

Deve-se lembrar ainda que, nos anos 1950, o bloco europeu era composto por apenas seis países, ao passo que na entrada do século XXI, o mercado comum congregava quinze países, sendo que três desses ainda não haviam aderido à moeda única (Dinamarca, Inglaterra e Suécia). Além disso, vários países do ex-bloco socialista se integrariam em seguida, criando um grande mercado europeu.

Já o Nafta entrou em vigor a partir de janeiro de 1994, prevendo o livre fluxo de mercadorias e de capitais entre Canadá, Estados Unidos e México. No entanto, jamais se pretendeu, nesse caso, caminhar em direção a um mercado comum. Isso implicaria a permissão da emigração de mexicanos aos Estados Unidos – justamente no momento em que a política migratória deste país se torna mais rígida – e o estabelecimento de políticas comerciais e econômicas comuns entre os Estados Unidos e o México, algo impraticável.

Os Estados Unidos querem exportar para o México e transferir a etapa de montagem das suas empresas multinacionais para o Norte deste país, enquanto os mexicanos anseiam pelo capital estadunidense e pelo acesso ao mercado norte-americano. A partir do Nafta, por exemplo, as empresas norte-americanas do setor têxtil conseguiram vencer a concorrência com os produtos asiáticos, ao transferirem algumas de suas fábricas para o México, local onde os custos de produção são menores. No caso do Canadá, a sua economia já vinha se interligando à economia estadunidense durante os anos 1980 e o Nafta serviu apenas para transformar em lei uma realidade concreta.

União Europeia em 2007. A Europa das regiões.

No caso do Mercosul, apesar de o objetivo expresso ser a criação de um mercado comum, as disparidades entre os quatro países envolvidos, bem como a sua grande dependência internacional, colocam muitos obstáculos para a integração regional. Com a desvalorização da moeda brasileira em 1999, os produtos argentinos ficaram mais caros no mercado brasileiro, reduzindo assim parte da atração do nosso mercado para os vizinhos da Argentina. Por sua vez, a crise argentina, que levaria à desvalorização de sua moeda em 2002 e à maior crise da história do país, reduziu temporariamente a importação de produtos brasileiros. Mesmo assim, o Mercosul continua sendo vital para que esses países negociem conjuntamente melhores condições de entrada para os seus produtos no mercado internacional, especialmente nos acordos com os Estados Unidos, União Europeia e outros blocos.

Por outro lado, os Estados Unidos querem enfraquecer o Mercosul, e os demais blocos da América Latina. Depois de não terem conseguido avançar na proposta da Alca (Área de Livre-

Comércio das Américas) a potência norte-americana tem procurado assinar acordos bilaterais com países da América Central, com o Chile, Peru e Colômbia. Já o Mercosul passou a incluir a Venezuela formalmente desde 2005, além de desenvolver acordos comerciais com todos os países da região.

Mas qual seria a lógica por trás da formação dos blocos comerciais? Por que os países decidem abrir mão de parte da sua soberania econômica para ingressar numa trajetória de integração com outros países? Na verdade, a criação de um mercado regional procura estabelecer melhores condições para que um conjunto de países ingresse de forma mais favorável no contexto de globalização. Trata-se de assegurar acesso recíproco a outros mercados. Quando falamos de blocos comerciais, estamos nos referindo à política da globalização.

A criação do Mercosul, por exemplo, força, em alguma medida, a União Europeia e os Estados Unidos a oferecerem tarifas mais baixas para os países do bloco, no intuito de negociarem maiores vantagens aos seus produtos nesse mercado regional. Por sua vez, as próprias empresas multinacionais podem decidir estabelecer filiais em um país do bloco, exportando assim para os demais, sem tarifas de importação e consequentemente com preços mais baixos. É o caso, por exemplo, da Electrolux sueca que exporta geladeiras do Brasil para o Mercosul, mas também para países do Sul da Europa e da Ásia.

A GLOBALIZAÇÃO produtiva

"Quem" são as multinacionais?

A abertura dos mercados, como vimos, foi motivada por vários fatores econômicos e políticos, tais como governos de países desenvolvidos e subdesenvolvidos, organismos multilaterais (FMI e Banco Mundial), e especialmente, pelas empresas multinacionais. São essas empresas, muitas delas gigantescas – o grupo varejista norte-americano Wal-Mart possui, por exemplo, um faturamento superior ao Produto Interno Bruto (PIB) de Portugal –, as principais promotoras e beneficiárias da globalização comercial.

Assim, elas podem fazer investimentos em lugares onde os custos são mais baixos, produzir peças num país para serem transformadas em outros e comercializadas em todo o planeta. Ou seja, por trás da expansão do comércio, a economia atual é regida por uma variável ainda mais forte: a expansão rápida da produção comandada por empresas que realizam suas atividades fora do seu país de origem.

Se os seus lucros são geralmente remetidos ao país de origem, essas empresas trazem muitas vezes consigo novas tecnologias e empregos para os países onde se instalam. Entretanto, em alguns casos, as empresas multinacionais apenas compram empresas nacionais de um outro país, ampliando as importações e cobrando preços baixos dos seus fornecedores locais, além de se aproveitarem dos níveis salariais baixos e das condições de trabalho precárias dos países subdesenvolvidos.

Para atrair essas empresas, países, estados e municípios chegam a oferecer vantagens fiscais (redução de impostos), esperançosos de que elas consigam reativar a economia dos seus territórios. A entrada de uma multinacional pode transformar a economia de uma cidade ou região, como no caso de Porto Real, cidade no estado do Rio de Janeiro com 12 mil habitantes, que teve seu potencial econômico ampliado com o investimento da PSA Peugeot Citröen de US$ 600 milhões, realizado no ano 2000.

As empresas multinacionais dominam a produção de vários setores, desde os mais sofisticados como automóveis (GM, Volkswagen, Fiat), eletroeletrônicos (Electrolux, Sony, Philips), computadores (Compaq, IBM, Dell), telefones celulares (Ericsson, Motorola, Nokia) até os tradicionais, como alimentos (Danone, Parmalat, Nestlé), tênis esportivos (Nike, Reebok) e produtos de higiene e limpeza (Colgate, Unilever e Procter & Gamble), passando pelos setores de serviços de ponta como telecomunicações (Telefónica, MCI, British Telecom) até chegar a serviços tradicionais como cadeias de *fast-food* (McDonald's, Pizza Hut), videolocadoras (Blockbuster) e comércio varejista (Carrefour), ou mesmo, em setores em que a sua presença era rara até os anos 1990 como nos salões de beleza (Jean Louis David) ou no saneamento básico (Lyonnaise des Eaux e Águas de Portugal).

Mas como definir e classificar essas empresas? Segundo a Conferência do Comércio e Desenvolvimento para as Nações Unidas (UNCTAD), uma empresa multinacional é aquela que possui ao menos uma filial fora do seu país de origem. Seriam ao todo 63 mil empresas existentes no mundo, contando com quase 700 mil filiais.

Entretanto, tal definição acaba por "misturar" as megaempresas globais como General Motors, General Electric, Shell, Siemens e Toyota com outras empresas multinacionais menores como a Ambev brasileira,resultado da fusão da Antárctica com a Brahma, ou a Bimbo, empresa mexicana do setor de alimentos. Somente para termos uma ideia do poder econômico de alguns grupos gigantes, as filiais das 100 maiores empresas multinacionais respondem por um terço do total de exportações mundiais, sendo responsáveis por 6 milhões de empregos.

As multinacionais ontem e hoje

As empresas multinacionais desenvolveram-se inicialmente em seus próprios países como empresas industriais nacionais, para depois se lançarem ao exterior, a partir dos anos 1950, com o objetivo de disputar mercados com outros concorrentes. Se o seu grande crescimento data desse período, elas, porém, podem ser encontradas desde o final do século XIX, concentradas nos setores de mineração, agricultura e infraestrutura, respondendo a Inglaterra por boa parte destes investimentos.

Essas empresas atuam em grupo, sendo que cada filial perfaz um rol de atividades ou desenvolve uma linha específica de produtos. Na verdade, existem vários tipos de empresas multinacionais. As que se dirigem para países em desenvolvimento, em busca de recursos naturais, minerais e energéticos, tais como a norte-americana Cargill no setor agrícola, a canadense Alcan no setor de alumínio e a espanhola Repsol no setor petrolífero.

Para outras multinacionais, o objetivo principal é fornecer produtos para o mercado interno dos países onde fabricam

Com a globalização, a força de trabalho deixa de ter uma única cara.
Na China, empregados produzem sapatos "americanos".
Os caracteres orientais cedem lugar ao inglês.

mercadorias ou prestam serviços, tal como no caso das aquisições da Telefónica espanhola no Brasil, Argentina e Colômbia, ou ainda no caso da Danone francesa que se tornou a líder do mercado brasileiro de iogurtes nos anos 1990.

Há, frequentemente, também aquelas multinacionais que distribuem suas filiais por alguns países que servem de montadoras para o restante do mundo, assumindo uma estratégia global. É o caso, por exemplo, da Pirelli italiana que estimula uma disputa entre as filiais do Brasil, Turquia, Egito e Alemanha para decidir quem será o fornecedor mundial de pneus de caminhão. Ou da Philips Electronics, empresa holandesa que fornece chips de computadores a partir do México para os fabricantes de telefones celulares na Europa.

Algumas empresas chegaram a um nível formidável de expansão produtiva fora do país de origem, como no caso da Nestlé suíça, que possui quase 100% das suas vendas e da mão de obra ocupada no exterior. A ABB, empresa suíça de máquinas e equipamentos, também se encontra na mesma situação. Outro exemplo significativo: a maior fábrica da Motorola – empresa norte-americana do setor de telefonia celular – encontra-se na cidade de Kuala Lumpur, capital da Malásia.

O caso do Carrefour revela a audácia dessas empresas que, em busca de aumento dos lucros, fazem de tudo para entrar nos mercados mais difíceis e fechados: o grupo francês pretende conquistar posições em países como China e Japão. Já o grupo holandês de comércio varejista Ahold, que controla o grupo Bom Preço no Brasil, realiza campanhas publicitárias de seus produtos em 23 países diferentes traduzindo-as para 13 línguas e adaptando-as ao gosto do consumidor local.

Como foi citado, a expansão das multinacionais iniciou-se nos anos 1950 pelas empresas norte-americanas que passaram a penetrar no mercado europeu. A partir dos anos 1960, não só as empresas norte-americanas e europeias, mas também japonesas, estenderam as suas atividades para a América Latina e alguns países do continente asiático.

Nos anos 1980 e 1990, esse processo se ampliou, ao mesmo tempo que apresentou características novas. As empresas multinacionais apresentam hoje uma gama variada de produtos e marcas. A General Electric não produz apenas eletrodomésticos, mas também produtos médicos, motores de avião e plásticos. A Procter & Gamble produz desde xampus (marca Pantene) até batata frita (Pringles), passando por fraldas (Pampers) ou produtos de limpeza (como o sabão em pó Ariel).

No caso da Benetton italiana, que ficou conhecida pelas suas roupas coloridas e propagandas extravagantes, atualmente o segmento do vestuário responde por menos de um terço do faturamento da empresa, que se dedica também à administração de estradas, à gestão dos centros comerciais das treze maiores estações de trem italianas e à operação de telefonia celular.

Além disso, as empresas multinacionais têm-se concentrado cada vez mais no desenvolvimento de novas tecnologias e na prestação de serviços de assistência técnica e de consultoria.

Ou seja, elas acabam vendendo *know-how* para empresas menores, participando da sua gestão e dos seus lucros.

Por exemplo, a Ericsson sueca optou, em 2000, por repassar a fabricação e montagem de telefones celulares para outra empresa multinacional, a Flextronics, que assumiu as fábricas da companhia sueca no Brasil, Malásia, Suécia, Reino Unido e parte da fábrica do estado da Virginia, nos Estados Unidos. A IBM também preferiu desenvolver novas tecnologias e se concentrar no *marketing*, abrindo espaço para a Solectron, outra multinacional norte-americana, a fazer o "trabalho pesado" de produzir os computadores. Outras vezes, a multinacional só entra com a tecnologia, como no caso da Nokia finlandesa, que estabeleceu uma parceria com a Gradiente na Zona Franca de Manaus, em 1997.

Com agressivas estratégias de *marketing*, o grupo francês Carrefour consegue penetração mesmo nos mercados mais fechados, como China e Japão. Na foto: família oriental passa em frente ao supermercado.

Os investimentos diretos externos: vamos aos números

Os investimentos diretos externos (ou IDES) representam o montante investido pelas multinacionais fora de seus países de origem. No ano 2000, esse montante situava-se próximo de US$ 1 trilhão. No Brasil, a sua presença pode ser comprovada pela leitura de jornais e revistas, nos quais são relatados os novos investimentos das multinacionais no país, ou então a aquisição de empresas nacionais de capital privado ou de estatais.

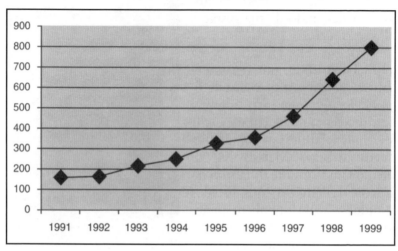

Evolução dos investimentos diretos externos
no mundo – anos 1990

Fonte: Unctad.

Nem todo investimento de uma empresa multinacional no exterior pode ser considerado um investimento direto externo. Isso porque as multinacionais podem comprar um montante limitado de ações de uma empresa de outro país, sem preocupação efetiva com a sua gestão, interessadas apenas no aumento do seu valor de mercado. Por isso, a Organização para Cooperação e Desenvolvimento Econômico (OCDE) estabeleceu a convenção de que qualquer compra de mais de 10% das ações de uma empresa por outra estrangeira deve ser considerada IDE.

Uma outra forma de investimento direto externo é a implantação de novas filiais dessas empresas fora do seu país de origem. Por exemplo, o investimento da Motorola na região de Campinas, estado de São Paulo. Dessa forma, o investimento externo direto denota o interesse duradouro da empresa multinacional por um determinado país, já que, diferentemente do capital financeiro, esse investimento não pode sair de uma hora para outra, desfazendo os gastos com máquinas, edifícios, *marketing* e qualificação de trabalhadores.

Para termos uma noção da magnitude e expansão do investimento direto externo no mundo, basta dizer que as multinacionais responderam, em 2001, por 14% do total dos investimentos realizados na economia mundial, enquanto tal porcentual era de apenas 2% em 1980. Essa é, portanto, uma boa medida da expansão recente da globalização produtiva.

Ou seja, nos últimos anos, o investimento das multinacionais cresceu mais rápido do que a produção mundial e o comércio mundial. Somente nos anos 1990, a cada ano, em média, o IDE crescia a uma taxa de 25%, contra 6,4% no caso do comércio mundial e 2,4% no caso da produção mundial, como citamos anteriormente. Em outras palavras, uma parcela crescente do comércio e da produção mundiais passa a ser controlada pelas empresas multinacionais.

Os investimentos das multinacionais, apesar de atingirem países em desenvolvimento, continuam concentrados nos próprios países desenvolvidos. Esses países forneceram 92% dos investimentos e receberam 72% dos investimentos realizados por empresas fora de seus países de origem em 1999. São, assim, prioritariamente investimentos dos Estados Unidos na Europa e vice-versa, ou do Japão em outros países desenvolvidos. Cabe também ressaltar que as atividades mais nobres são executadas nos países desenvolvidos, ficando as tarefas de montagem para os países subdesenvolvidos. Não é à toa que 2 mil dos 2.500 pesquisadores da IBM se encontram nos Estados Unidos.

Alguns países em desenvolvimento como China e Cingapura, na Ásia, Brasil e México, na América Latina; bem como Hungria e Polônia no Leste Europeu são grandes receptores de investimentos de empresas multinacionais. Por outro lado, cabe lembrar que algumas regiões – como a África, por exemplo – situam-se fora do mapa das opções de investimento das multinacionais.

Além disso, as multinacionais líderes costumam ser empresas de origem norte-americana. Das 500 maiores empresas multinacionais, mais de 40% possuem sua sede nos Estados Unidos. Basta lembrar que das dez marcas mais caras e conhecidas mundialmente, nove pertencem a empresas norte-americanas – como Coca-Cola, Microsoft, IBM, Ford e McDonald's, entre outras.

Se considerarmos as dez empresas com maior valor de mercado, seis são de origem norte-americana. Isso aponta para o fato de que a globalização tem reforçado o poderio da economia norte-americana perante os demais países do mundo.

As dez maiores empresas segundo valor de mercado e as dez marcas mais caras do mundo – 2000

10 MAIORES EMPRESAS E SETOR DE ATIVIDADE		10 MARCAS MAIS CARAS E PAÍS DE ORIGEM	
General Electric	Eletroeletrônico	Coca-Cola	EUA
Intel	Informática	Microsoft	EUA
Cisco Systems	Informática	IBM	EUA
Microsoft	Informática	Intel	EUA
Exxon Mobil	Petróleo	Nokia	Finlândia
Vodafone AirTouch	Telecomunicações	General Electric	EUA
Wal-Mart Stores	Comércio varejista	Foro	EUA
NTT Docomo	Telecomunicações	Disney	EUA
Nokia	Eletroeletrônico	McDonald's	EUA
Royal Dutch/Shell Group	Petróleo	AT&T	EUA

Fonte: Business Week/Interbrand.

Por último, se é verdade que as empresas multinacionais têm uma atuação global, as suas decisões de investimento são tomadas levando em conta a existência de blocos comerciais. A Honda, por exemplo, possui uma estratégia de produção, distribuição e *marketing* para a Ásia, outra para a União Europeia, outra ainda para o Nafta, como também é o caso da sua fábrica em Sumaré, no estado de São Paulo, voltada para o Mercosul.

Por que tantas fusões e aquisições?

No período recente, junto com a expansão das multinacionais, manifesta-se uma crescente concentração de capital. Ou seja, as grandes empresas passam a se fundir, criando verdadeiras potências produtivas. A alemã Mercedes-Benz, por exemplo, ao se fundir com a Chrysler norte-americana, apresentou um total de vendas superior ao verificado na África do Sul, maior economia do continente africano. Em seguida, a nova empresa DaimlerChrysler comprou 34% das ações da japonesa Mitsubishi Motor Cars.

Essa tendência não é exclusiva do setor automobilístico, estendendo-se a vários setores produtivos da economia global. No setor farmacêutico, a sueca Astra juntou-se à inglesa Zeneca, enquanto as suíças Ciba e Sandoz criaram a Novartis. Também as duas maiores empresas petrolíferas dos Estados Unidos se fundiram, a Exxon e a Mobil. No setor financeiro, presenciou-se a criação do Citigroup, fusão do Citicorp com o Travelers Group. No setor alimentício, houve uma grande concorrência pela aquisição da Nabisco norte-americana, gigante do setor de alimentos. A Philip Morris, que produz os cigarros da marca Marlboro, "venceu" a Danone e se transformou, a partir da sua subsidiária Kraft Alimentos, na segunda maior empresa do setor, depois da Nestlé.

No ano de 1999, dos investimentos das multinacionais fora de seu país (US$ 865 bilhões), 83% foram destinados a compras ou a fusões com outras empresas. Ou seja, as multinacionais têm preferido, em vez de fazer novos investimentos, comprar empresas já existentes, ou então negociar a distribuição do mercado com suas concorrentes.

São vários os motivos por trás dessa onda de fusões e aquisições. Em primeiro lugar, a aquisição de uma grande empresa pode ser a porta de entrada de uma empresa multinacional num dado país, reduzindo os custos de *marketing*, de inovação, pesquisa e lançamento de novos produtos, além de obter mais rapidamente uma fatia de mercado do seu concorrente.

Há também as vantagens de financiamento, já que as fusões e aquisições são intermediadas por agentes financeiros e empresas de consultoria que querem lucrar com os novos empreendimentos. Em alguns casos, apenas uma parceria resolve problemas internos: as multinacionais produtoras de aço, a Usinor, francesa e a Nippon, japonesa, anunciaram, em 2001, um acordo de parceria tecnológica, com o objetivo de reduzir custos de pesquisa e de dividir os seus respectivos mercados.

Já algumas empresas tornam-se maiores apenas para impedir que sejam compradas pelas suas rivais, dando início a uma verdadeira corrida ao gigantismo. Se uma toma essa atitude, todas seguem o seu rastro, como num concurso de exibição de poder econômico e político, o que faz das fusões e aquisições um jogo de conquista de posições bastante parecido aos movimentos militares em época de guerra.

Pode-se controlar o poder das multinacionais?

Se essas fusões e aquisições podem, de um lado, estimular o investimento em novas tecnologias, reduzindo custos, e tornando as empresas mais eficientes, elas também trazem um risco significativo: o controle do mercado global por algumas poucas empresas que, em vez de concorrerem entre si, decidem formar cartéis, elevando os níveis de preços e, por consequência, de lucros. A eliminação da concorrência prejudica consumidores e fornecedores dessas empresas no mundo inteiro.

Percebe-se, especialmente nos setores mais avançado tecnologicamente, que já existe um oligopólio mundial, ou seja, três ou quatro grupos respondem por mais de 70% do faturamento mundial do setor. Na fabricação de chips para computadores, por exemplo, duas empresas norte-americanas – a Intel e a AMD – respondem por mais de 90% do mercado. Quanto ao mercado musical, as cinco maiores gravadoras controlam quase 80% do mercado mundial. No setor farmacêutico, a realidade não é diferente, já que cada linha de remédio conta com geralmente duas ou três grandes empresas produtoras, havendo poucos substitutos. As cinco maiores empresas fabricantes de telefones celulares – Nokia, Siemens, Motorola, Ericsson e Samsung – detêm cerca de 70% do mercado mundial.

Como controlar os excessos praticados por empresas que dominam a produção mundial? Se a concorrência vem se tornando global, não faz sentido manter agências de defesa da concorrência ou organismos antitruste – que supervisionam e punem a formação de cartel – simplesmente como entidades nacionais. Se a Microsoft praticou abuso do poder econômico, prejudicando a sua concorrente, a empresa Navigator, não deveria haver um órgão global de defesa da concorrência, em vez de Bill Gates, dono da Microsoft, ser julgado pelo Departamento de Justiça norte-americano? Ora, o Windows (programa de computador de Microsoft) não "roda" somente nos computadores de cidadãos norte-americanos, mas atinge 90% dos usuários do mundo inteiro, da China à Dinamarca.

As agências de regulação da concorrência continuam funcionando, no entanto, no espaço nacional, ou, no máximo, como no caso da União Europeia, no espaço regional. Nos Estados Unidos, além do caso Microsoft, há na Justiça processos de formação de cartel contra as operadoras de cartão de crédito, Visa e Master-Card, e contra os laboratórios farmacêuticos Abbott e Aventis. Na Europa, a Comissão Europeia vetou a fusão entre as empresas produtoras de caminhões, Volvo e Scania, entre as empresas do setor aeronáutico, GE e Honeywell, além da tentativa da Coca-Cola de adquirir as operações europeias de bebidas da Schweppes, tendo ainda contestado a fusão entre a America Online, a Time Warner e a EMI, que envolve os segmentos de acesso à internet, de televisão a cabo e de produção de música e filmes. Ou seja, empresas gigantes como essas acabam se tornando incontroláveis quando não existe uma estrutura institucional que regule o alcance de seu poder global.

A GLOBALIZAÇÃO financeira

A reviravolta dos anos 1970

Os fluxos de capital entre países já eram significativos no final do século XIX. Nas vésperas da Primeira Guerra Mundial, os bancos ingleses possuíam cerca de 30% dos seus depósitos aplicados em países como Argentina, Austrália, Brasil e Nova Zelândia.

Durante os anos 1950 e 1970, a esfera financeira passa a ser controlada por regras nacionais e internacionais, já que as principais moedas guardavam uma estreita relação com o dólar, sendo desencorajadas as aplicações entre fronteiras nacionais. O capital de longo prazo internacional era fornecido pelo Banco Mundial. As taxas de juros deveriam ser baixas e reguladas pelos Bancos Centrais nacionais, com o objetivo de elevar o nível de emprego e de renda. Ou seja, os bancos deveriam ganhar com o volume de empréstimos realizados, não havendo concorrência entre bancos de diferentes países. Havia também limites rígidos para aplicações em Bolsa de ações de outros países.

Isso começa a mudar em 1971, com o fim do padrão dólar-ouro. As várias moedas passam a oscilar de forma considerável, o que estimula as aplicações especulativas. Além disso, com o aumento dos preços do petróleo, os dólares acumulados pelos países exportadores desse bem – os petrodólares – passaram a ser aplicados em bancos europeus, que os transformaram em empréstimos para os países do Terceiro Mundo. Durante os anos 1970, consolidam-se também as praças financeiras *off-shore*, que estão literalmente fora do controle dos governos, estabelecidas em Hong Kong, Cingapura, Ilhas Cayman e Bahamas, dentre outras localidades. Essas praças iriam paulatinamente se transformar num verdadeiro paraíso para os dólares suspeitos, inclusive para aqueles gerados pelo narcotráfico e o contrabando.

A partir de então, regras e leis são alteradas com o objetivo de facilitar a transferência de capital de um país para outro. Nos anos 1980, esse processo amplia-se, principalmente com a entrada de novas instituições financeiras de atuação global, os fundos de pensão e os fundos mútuos de investimento.

O dinheiro que havia ficado represado passa a escoar por todas as brechas do sistema financeiro em busca de rentabilidade. Empresas podem agora criar moeda sem passar pelos bancos – emitindo bônus, diretamente no mercado – ao passo que os governos aumentam as taxas de juros, atraindo aplicadores para os papéis de sua dívida. Os lucros financeiros superam os lucros produtivos, já que estes possuem maior prazo de maturação e dependem da aceitação por parte do mercado e dos consumidores. Como num gigantesco sistema circulatório, o sistema financeiro "retira" renda de todas as fontes – dos impostos, dos salários e dos lucros das empresas – sugando-a para aplicações consideradas mais vantajosas.

A globalização financeira destaca-se das demais porque se inicia de forma repentina nos anos 1970, quando as esferas produtiva e comercial já se encontravam em processo de expansão. Nas décadas seguintes, ela rompe com as rígidas determinações dos governos e conquista espaço das demais esferas, tornando-se, no dizer do estudioso François Chesnais, "o campo mais avançado da mundialização". O megainvestidor George Soros, que começou a operar no mercado financeiro em 1953, ressalta a novidade do período recente: "As transformações foram de tal magnitude que a natureza dos mercados financeiros se tornou irreconhecível durante os meus 45 anos de atuação".

As novidades financeiras

Grande parte das novidades do atual mercado financeiro resume-se à capacidade de se dispensar os bancos para fazer aplicações. Famílias, trabalhadores e empresas ofertam dinheiro para fundos de pensão (em troca de aposentadoria no futuro) e para seguradoras (em troca de seguro de casa, automóvel, de saúde, de vida). Os investidores, por meio dos fundos de investimento, valorizam o seu patrimônio, aplicando em ações de empresas e títulos do governo. Alguns fundos de pensão e seguradoras dispõem de um capital de tal magnitude que causa inveja a alguns grandes bancos.

Surgem também novos instrumentos financeiros chamados de "derivativos", que significam contratos de compra e venda futura de títulos, ações e moedas, a preços determinados. Aposta-se na alta ou na queda de uma determinada moeda no futuro, definindo-se uma data previamente fixada para a realização da transação. Essa bolsa de apostas global faz com que alguns apelidem o atual sistema econômico de "capitalismo de cassino".

Se seguirmos essa metáfora, podemos dizer que os economistas dos Bancos Centrais, Ministérios da Fazenda e grandes bancos se tornaram verdadeiros crupiês desse imenso cassino que envolve os mercados financeiros da maioria dos países. O objetivo dos "jogadores" é sempre o mesmo: ganhar dinheiro, sem passar pela tarefa incerta de se produzir mercadorias concretas e tentar vendê-las.

Dessa forma, as empresas muitas vezes se preocupam mais com a valorização de suas ações do que com a conquista de mercados. Demitem trabalhadores e praticam fraudes contábeis para dividir maiores lucros entre os seus acionistas. Os governos, por sua vez, mantêm altas taxas de juros para atrair os investidores nacionais e internacionais que detêm os papéis da sua dívida. Entretanto, para saldar os seus compromissos, esses mesmos

A bolsa Nasdaq acompanha, em suas altas e baixas, os principais acontecimentos nas empresas de alta tecnologia, em especial, de internet. Na foto: as cotações do pregão eletrônico em 2000.

governos devem reduzir os gastos sociais, separando maior parcela dos seus orçamentos para o pagamento de juros.

A integração entre os mercados financeiros

Desde os anos 1980, os mercados financeiros nacionais vêm se interpenetrando de forma quase assustadora. Os movimentos das taxas de juros, de câmbio e dos preços das ações, no mundo inteiro, alteram as expectativas e as aplicações dos investidores. Um dia, aplica-se no mercado acionário de Seul; no seguinte, em títulos da dívida pública britânica, enquanto no outro, as aplicações em dólar são predominantes, pois se aposta na sua valorização em relação ao euro e ao iene japonês.

Esse mercado financeiro global somente pôde ser concebido pelas vantagens oriundas das inovações tecnológicas, que permitem gerenciar informações sobre os indicadores econômicos nos quatro cantos do mundo, calculando-se e comparando-se a rentabilidade de cada uma das aplicações.

Pela facilidade de se transferir de uma aplicação para outra com um simples apertar de tecla de computador, o volume e o ritmo de expansão dos fluxos financeiros internacionais – que envolvem ações, títulos do governo, empréstimos, bônus de empresas, moedas e derivativos – estão bem à frente do volume de investimentos diretos externos da globalização produtiva, por natureza, mais duradouros.

Outra questão de fundamental importância é a maior participação das aplicações internacionais para a grande maioria das instituições financeiras. Os fundos de pensão norte-americanos, por exemplo, já possuem mais de 10% das suas aplicações fora dos Estados Unidos, ainda que muitos dos futuros aposentados não o saibam; 40% dos depósitos dos bancos comerciais vêm de não residentes no seu país de origem; na França dos anos 1990, um terço dos títulos da dívida pública estava em mãos de estrangeiros, enquanto no México, antes da crise de 1994, esse valor chegou a 90%; em alguns países emergentes, como na Rússia antes da crise de 1998, 80% do mercado de ações estavam nas mãos de investidores internacionais.

O dinheiro global

Não são só as finanças que se globalizam, tornando os mercados financeiros nacionais interdependentes. O dinheiro também se globaliza. Com a expansão das comunicações, das viagens internacionais de negócios e de turismo, podem-se adquirir facilmente as moedas de vários países, bem como acompanhar as suas respectivas cotações, nas casas de câmbio que proliferam rapidamente.

Ainda que boa parte das pessoas continue usando, nos seus respectivos países, dólares americanos, rúpias da Indonésia, reais brasileiros e euros nos países da Europa Ocidental, novas formas de dinheiro surgem por meio dos *travellers* cheques, dos cartões de crédito e bancários. A título de ilustração, a operadora de cartão de crédito MasterCard é hoje aceita em 12 milhões de estabelecimentos, distribuídos em 200 diferentes países.

As crises financeiras internacionais

Se a globalização financeira realizou a proeza de concentrar capitais e difundi-los para várias partes do mundo que necessitam de recursos e prometem altos níveis de rentabilidade, é ela também a responsável pelas crises que se sucedem, uma após a outra, no mundo globalizado, concentradas, não por mera coincidência, nos países da periferia.

Para entender esse processo, devemos analisar o papel das chamadas economias emergentes. Que países compõem esse grupo? São países industrializados, mas não pertencentes ao clube exclusivo do mundo desenvolvido, que receberam investimentos de multinacionais, abriram suas importações e seus mercados financeiros e implementaram as reformas econômicas com o objetivo de assegurar eficiência produtiva. Esses países receberam 80% do total de investimentos produtivos e 90% das aplicações financeiras destinadas ao mundo em desenvolvimento durante os anos 1990.

Fazem parte desse seleto grupo México, Brasil, Chile e Argentina, na América Latina; Turquia e os países do Leste Europeu, como República Tcheca, Polônia e Hungria; além dos países asiáticos como Coreia do Sul, Taiwan, Malásia e Tailândia. Apesar das especificidades, todos passaram a receber volumes enormes de investimentos financeiros nos mercados de ações e de títulos públicos, além de empréstimos bancários de curto prazo.

O que aconteceu então? Primeiro a crise do México, em dezembro de 1994, depois a crise do Sudeste Asiático, iniciada com a desvalorização do *baht* tailandês, em julho de 1997, que se estendeu para a Indonésia, Malásia e Coreia do Sul. Em agosto de 1998, a crise do rublo russo apressou a desvalorização do real brasileiro de janeiro de 1999. Depois, a fuga de capitais da Turquia no ano 2000, que exigiu desta vez, como nas anteriores, a intervenção do FMI. Por fim, a maior crise de todas, que acometeu a Argentina no ano 2001, obrigando o país a desvalorizar o peso e a renegociar sua dívida externa.

Como explicar o chamado efeito contágio, que fez a crise se alastrar por vários países da periferia? De um lado, esses países expuseram-se demais, ao receber empréstimos de curto prazo, que eram pagos com a contração de novos empréstimos. A mídia

Durante a crise no Sudeste Asiático, na década de 1990, ocorreu a chamada "contaminação de economias". Na foto: trabalhadores sul-coreanos protestam nas ruas de Seul contra a possível venda da empresa Daewoo ao capital externo.

internacional contribuía, divulgando informações parciais otimistas sobre as economias desses países. As suas Bolsas de Ações inchavam com aplicações provenientes dos países desenvolvidos. Todos então se curvavam ao lucro fácil e o capital escorria para o país que recebia as melhores avaliações de boa conduta econômica.

Entretanto, essas moedas se sustentavam em bases frágeis: os déficits externos – importações maiores que exportações, além de altos pagamentos de juros da dívida – eram preenchidos com empréstimos e aplicações generosos. Bastava uma notícia de que os empréstimos não iriam ser pagos, de que as ações não renderiam o esperado ou de que a moeda se desvalorizaria, e os investidores "batiam em retirada" com os seus capitais.

A segunda metade da década de 1990 foi uma época de crise para a periferia da economia global. Os países da periferia sofreram mais, porque acreditaram que capital de curto prazo seria suficiente para propiciar o desenvolvimento e o investimento de longo prazo. Triste ilusão! Para permitir o pagamento dos compromissos assumidos, o

FMI, junto com os países desenvolvidos, desembolsou vultosos recursos para México, Brasil, Coreia do Sul, Turquia e Argentina.

Mas esses empréstimos não resolviam a situação econômica dos países, pois os planos de ajuste exigiam que os gastos sociais e os investimentos públicos fossem reduzidos e as taxas de juros elevadas, jogando milhões de pessoas no desemprego e na miséria. O primeiro-ministro da Malásia chegou a chamar os mercados financeiros internacionais de uma "selva de bestas ferozes". Trabalhadores argentinos, brasileiros, coreanos e malaios gritavam quase ao mesmo tempo: "fora FMI". Até mesmo o prestigiado economista norte-americano Paul Krugman afirmou que o remédio do FMI agravava as crises, em vez de combatê-las.

Pode-se regular a esfera financeira?

A crise dos países periféricos, apesar de ter afetado quase 1 bilhão de pessoas, não chegou a comprometer o conjunto da economia mundial; até porque estes respondiam por apenas 25% da produção do planeta. Os países desenvolvidos foram inicialmente beneficiados, já que os capitais em fuga desabalada ansiavam por um porto seguro para suas aplicações.

Ficava cada vez mais claro, no entanto, que a crise não era somente do Brasil, da Coreia, das economias asiáticas ou dos países periféricos que não haviam implementado políticas corretas. Os países que entraram em crise destacavam-se, pelo contrário, por serem "as meninas dos olhos" dos mercados financeiros internacionais. Por isso, pode-se chamar as crises de 1994 a 2000 como vários atos de uma mesma crise global. Os países afetados não foram nem somente culpados, nem somente vítimas da crise, tal a integração verificada entre os mercados financeiros nacionais.

A partir de então, virou moda falar em regulação dos fluxos financeiros internacionais. O professor norte-americano James Tobin defendeu a criação de um imposto de 1% sobre as aplicações financeiras, de forma a reduzir a sua rentabilidade, enquanto nas reuniões de autoridades globais se discute de forma pomposa a criação de uma nova arquitetura financeira internacional. Porém, enquanto não existir uma autoridade global encarregada de implementá-la e as crises não afetarem os países mais poderosos, a esfera financeira tende a se expandir ainda mais, gerando instabilidade.

A GLOBALIZAÇÃO tecnológica

Novas tecnologias

Desde os anos 1970, um conjunto de novas tecnologias passou literalmente a transformar a superfície do mundo, dinamizando as relações entre pessoas, empresas, governos e movimentos sociais. A internet e a telefonia celular possibilitaram contatos antes impensáveis, abstraindo as distâncias geográficas. A biotecnologia e o mapeamento genético abriram perspectivas para que no futuro sejam curadas várias doenças.

Fala-se mesmo de uma Terceira Revolução Industrial. A Primeira trouxe consigo a máquina a vapor; a Segunda, a eletricidade. Agora seria a vez da informática, das telecomunicações e da biotecnologia.

Outros autores preferem anunciar a inauguração de uma Terceira Onda. A Primeira teria vigência nas sociedades agrárias, a Segunda, nas sociedades industriais dos últimos dois séculos, enquanto a Terceira Onda traz consigo uma sociedade cada vez mais especializada na produção de serviços e conhecimentos.

Contudo, isso não significa que a indústria e agricultura deixaram de ser importantes. Pelo contrário, também essas atividades são revolucionadas pela capacidade de produção de novos conhecimentos e pelo desenvolvimento de novos processos tecnológicos.

Devemos tomar cuidado, porém, com as formulações que explicam todas as transformações recentes a partir do avanço tecnológico. A tecnologia não é um fim em si mesma, mas um meio para se obter algo. As sociedades as utilizam em um determinado contexto histórico e institucional e com interesses específicos. Nesse sentido, não seria exagerado dizer que nos últimos anos, vem emergindo um novo estilo de produção, comunicação, gerenciamento, consumo, enfim, um novo estilo de vida. Essas novas tecnologias evoluíram do seu caráter inicial de meras invenções técnicas até assumirem a sua atual dimensão de instrumentos de uma transformação social, econômica e cultural.

Os novos inventos devem provar sua capacidade de adaptação constante, de assimilação de novas descobertas, além de sua viabilidade em termos econômicos, permitindo a sua produção em grandes quantidades e com custos decrescentes. Ou seja, a atual revolução tecnológica é composta de três elementos indissociáveis: invenção, inovação e difusão.

Quem poderia, enfim, imaginar que uma rede militar de informações – embrião da internet – e os computadores dos anos 1950, engenhocas gigantescas e caríssimas, transformariam de tal maneira a economia e a sociedade mundiais? Ou que o fax – o qual, apresentado pela primeira vez na Feira Mundial de 1939, demorava 18 minutos para transmitir uma única folha de papel – entrasse em nosso cotidiano a partir dos anos 1980, sendo produzido a preços acessíveis, ao menos para as classes média e alta?

O primeiro computador digital surge em 1946, enquanto o transistor, de 1947, seria a base dos futuros chips. Em 1971, Ted Hoff, engenheiro da Intel, inventou o microprocessador, que consiste num computador em um único chip, feito de silício, matéria-prima abundante na crosta terrestre. Em 1981, os computadores pessoais ganham o mundo, sendo, logo após, sucedidos pelos famosos laptops – computadores portáteis.

Durante esse processo, a capacidade de miniaturização e de armazenamento de informações avança de forma impressionante. Um chip, que possuía uma memória de 1.024 bytes, em 1971, passa a armazenar 256 milhões de bytes em 1999. O preço médio de um computador, com a mesma capacidade de processamento, foi reduzido de US$ 125 mil para US$ 1.000, entre 1960 e 1990.

No caso das telecomunicações, os avanços não foram menos significativos. Com a introdução de satélites e de cabos de fibra óptica, a capacidade do sistema internacional de telecomunicações aumentou de forma fantástica. Os preços das ligações internacionais caíram de forma impressionante: o custo de uma chamada telefônica de três minutos entre Nova York e Londres caiu de US$ 45,86 para US$ 3,32 entre 1960 e 1990. Ao mesmo tempo, a expansão de linhas fixas e de telefones celulares mostrou-se considerável nos últimos trinta anos. Em 1965, havia 150 milhões de linhas fixas no mundo, total que subiu para 850 milhões em 1998. O crescimento dos celulares foi ainda mais rápido: enquanto havia menos de 1 milhão desses aparelhos em 1985 no mundo, prevê-se que no ano 2001 eles cheguem a 1 bilhão. Quanto à expansão da internet, estima-se que, em 2001, quatrocentos milhões de pessoas estejam "plugadas" nesse meio de comunicação. Em 1969, foi lançado o primeiro satélite comercial, enquanto hoje existem mais de duzentos, transmitindo uma vasta quantidade de informações.

Fonte: *Nua Publish* 2001.

Por último, a biotecnologia obteve um avanço significativo ao longo dos anos 1990. No final dessa década, havia-se concluído o mapeamento dos cerca de 30 mil genes do corpo humano. Com essa revolução, pretende-se ampliar o papel da medicina preventiva, sendo possível, desde antes do nascimento, corrigir certas sequências genéticas causadoras de doenças. Também os produtos que consumimos têm sido crescentemente alterados geneticamente, a partir da geração de sementes modificadas em laboratório – mais resistentes a doenças e pragas.

Particularidades das tecnologias de informação

O que essas novas tecnologias têm em comum, e o que as diferencia das anteriores? Por que são consideradas tão revolucionárias? Antes de responder a tais questões, devemos apontar alguns elementos fundamentais para a sua emergência.

Em primeiro lugar, há que se destacar o papel do Estado. Foi o Departamento de Defesa dos Estados Unidos que criou, ainda nos anos 1960, a Arpanet – embrião da internet – com o intuito de permitir uma comunicação em rede entre as várias partes do país em caso de um ataque soviético.

O famoso Vale do Silício nos Estados Unidos, localizado no estado da Califórnia, não teria se tornado a linha de frente da microeletrônica, sem o apoio do mesmo Departamento de Defesa e da Universidade de Stanford. A empresa de informática Hewlett-Packard é a fusão dos sobrenomes de dois pósgraduandos da Faculdade de Engenharia daquela universidade.

Por sua vez, não se explica a revolução tecnológica do Japão nos anos 1960 e 1970, sem o apoio do Ministério do Comércio Internacional e Indústria (MITI).

A AT&T, empresa norte-americana de telecomunicações, ainda um monopólio nos anos 1960 e 1970, era obrigada a transformar as suas descobertas em domínio público. O próprio projeto Genoma Humano é resultado de um consórcio de instituições públicas de pesquisa de vários países.

Ou seja, não passa de uma fábula a história de Bill Gates iniciando a revolução da informática na garagem de uma casa em Seattle. Havia todo um suporte institucional para essa revolução, que passava também, é claro, pela criatividade em adaptar descobertas para vários usos e fins até torná-las rentáveis economicamente. Era o reino do "aprender fazendo", ao qual se dedicavam alguns jovens norte-americanos, desiludidos com a Guerra do Vietnã e filiados ao movimento da contracultura.

Voltemos então à nossa questão inicial. Quais as particularidades desse conjunto de novas tecnologias? Cinco aspectos explicam a sua dimensão inovadora, segundo o sociólogo espanhol Manuel Castells.

Em primeiro lugar, essa nova revolução tecnológica não traz uma nova fonte de energia como o vapor ou a eletricidade, já que se trata de tecnologias para agir sobre a informação. Poderíamos inclusive usar a seguinte metáfora: a informação é a nova fonte de energia do sistema econômico capitalista, que assume crescentemente uma dimensão global.

Em segundo lugar, essas tecnologias possuem uma alta penetrabilidade. Como a informação é estratégica para todos os domínios da vida humana, a sua transformação incessante acaba por impactar de forma drástica as culturas, economias e sociedades.

Partindo dessa característica, chega-se a uma terceira: a lógica de redes unindo várias esferas, antes isoladas, afeta a dinâmica das empresas, das nações e dos movimentos sociais e culturais, que se expandem pelo mundo afora.

Em quarto lugar, a adaptabilidade e a flexibilidade passam a funcionar como objetivos estratégicos, pois as informações são constantemente alteradas e reconfiguradas, modificando a inserção das várias instituições que atuam em rede.

Por último, as várias tecnologias específicas vão paulatinamente constituindo um sistema integrado. As telecomunicações aproveitam-se dos avanços da microeletrônica, enquanto o projeto de mapeamento genético seria impossível sem o poder da informática. Com o uso da tecnologia digital – no caso do telefone, da indústria gráfica, da produção de máquinas, automóveis etc. – ganha-se em capacidade de precisão e controle.

A esfera dinamizadora

Por todos esses fatores, muitos analistas consideram a esfera tecnológica como a dinamizadora da globalização. Essa esfera é a responsável não apenas pelo controle das atividades e da rentabilidade das filiais das empresas multinacionais, como também permite que o capital flua como uma riqueza eletrônica, transferindo-se de um país a outro. É a esfera tecnológica que, ao facilitar o conhecimento das necessidades dos mercados e dos gostos dos consumidores, se adapta a suas peculiaridades com suas campanhas de *marketing*.

O próprio consumo tem sido modificado por meio do comércio eletrônico. Torna-se agora possível separar as etapas de compra, de produção e de distribuição em vários países. Uma das maiores empresas mundiais de varejo, a japonesa Ito-Yokado, que detém a cadeia de lojas de conveniência 7-Eleven, com dez mil lojas no mundo, realiza 40% das suas vendas pela internet.

A globalização tecnológica – em virtude da transmissão instantânea de informações e a reconfiguração dos sistemas produtivos e sociais para atender às necessidades do mercado – também afeta de várias formas as sociedades e culturas nacionais, como veremos mais adiante.

Concentração tecnológica e exclusão digital

Não podemos esquecer que essas novas tecnologias da informação ainda não atingiram o mundo inteiro, estando restritas às elites dos países desenvolvidos e subdesenvolvidos que operam as atividades globais. Ou seja, a globalização tecnológica não atinge toda a superfície terrestre, embora altere a dinâmica econômica e social da maior parte dos países.

Se a produção de chips e de computadores, o controle dos serviços e equipamentos de telecomunicações e a fabricação de remédios estão nas mãos de poucas grandes empresas multinacionais, o consumo desses produtos e serviços também se encontra concentrado nos países desenvolvidos.

Alguns dados ilustram as limitações inerentes à globalização tecnológica: menos de 7% da população mundial está conectada à internet, sendo que nos Estados Unidos o porcentual de internautas chega a 30% da população, nos países escandinavos supera os 40% e no mundo em desenvolvimento é, em média, inferior a 1% de sua população. Além disso, mesmo nos Estados Unidos, as transações econômicas via internet representam menos de 1% da produção anual desse país.

Vejamos outros indicadores: os países desenvolvidos respondem por 83% dos computadores pessoais existentes no mundo e participam com 65% das linhas telefônicas mundiais; cerca de cinco bilhões de pessoas no mundo não dispõem de linha telefônica, sendo que na África existem apenas três telefones para cada cem habitantes. A "exclusão digital" significa, portanto, uma enorme concentração na distribuição do acesso a informações. Como exemplo, basta dizer que há mais telefones na região metropolitana de Tóquio, com 27 milhões de pessoas, do que no continente africano com uma população de 749 milhões.

Ou seja, a globalização, ao mesmo tempo que integra, pode desintegrar regiões onde não existe uma infraestrutura mínima de serviços de informática e telecomunicações, fundamentais para se adquirir competitividade internacional. Tanto é assim que os países do G-8 assinaram, em julho de 2000, a Carta de Okinawa, tendo por objetivo ampliar a participação dos países do Terceiro Mundo nas novas tecnologias e, em especial, na rede mundial de computadores.

Fatores decisivos para a atração de empresas de novas tecnologias

Critérios Essenciais
1. Acesso à mão de obra qualificada
2. Proximidade de instituições de pesquisa de primeira linha
3. Qualidade de vida atraente
4. Acesso a empréstimos e a capitais de risco

Critérios Importantes
5. Custo razoável para fazer negócios
6. Presença tecnológica estabelecida
7. Ampla disponibilidade de infraestrutura de telecomunicações
8. Ambiente de negócios e regulatório favoráveis

Critérios Desejáveis
9. Presença de fornecedores e parceiros
10. Disponibilidade de incentivos fiscais

Fonte: Deloitte & Touch Fantus.

Aliás, as empresas de alta tecnologia, ao escolherem o local para a realização de seus investimentos, levam em conta alguns critérios básicos, altamente restritivos, listados no quadro. Não é à toa que cidades como Campinas, no Brasil, ou países como Irlanda, Israel e Índia têm conseguido atrair empresas de ponta, sendo que a grande maioria destas prefere se situar nos países desenvolvidos. As empresas de alta tecnologia exigem mão de obra qualificada, instituições de pesquisa de primeira linha, acesso à empréstimos, infraestrutura adequada, além de incentivos fiscais atraentes. Regiões e países que não seguem essas condições acabam ficando à margem dos investimentos em tecnologia.

Pode-se falar de uma nova economia?

Em virtude da expansão das tecnologias de informação, alguns economistas passaram a criar categorias de análise para o novo mundo em gestação. É o caso das *noções de sociedade* ou *economia do conhecimento.* Tal como "trabalho", "terra" e "capital", o "conhecimento" ter-se-ia transformado num novo fator de produção.

Em todas as atividades econômicas, haveria uma nova divisão social: entre os gerentes e profissionais que formulam e processam as informações e aqueles que as reproduzem de forma quase mecânica. O mercado passaria assim a valorizar profissionais com maior capital humano – a soma de experiência profissional acumulada com formação universitária e capacidade criativa.

Para alguns autores, a própria noção de ciclo econômico estaria ultrapassada: os níveis de produtividade, cada vez mais elevados, poriam fim às crises, ao assegurarem produtos sempre mais baratos. Essa profecia foi crescentemente difundida em virtude dos ganhos das empresas de alta tecnologia na bolsa norte-americana Nasdaq, que agrupa as ações dessa "nova economia".

Quase como uma resposta a essas previsões mirabolantes, o ano de 2000 trouxe a queda de 40% no valor dessas ações. Isso porque o desempenho dessas empresas depende do estado da economia como um todo. Em suma, a velha economia – composta de produtos alimentícios, têxteis, serviços básicos, comércio varejista, aço, produtos químicos – é a alavanca para o crescimento da nova.

Como relata o consultor de empresas global, Peter Drucker, em qualquer economia o valor das ações deve estar respaldado no aumento dos lucros e do mercado. Quando isso não acontece, as empresas "quebram", pois os preços das suas ações são fictícios. Foi assim no *boom* das estradas de ferro, em 1840 e no *boom* do setor automobilístico, durante os anos 1920, como também no caso das empresas pontocom da chamada nova economia, durante o ano 2000.

Portanto, apesar das novas pressões por aumento de competitividade, as economias continuam sendo divididas, basicamente, entre empresários e trabalhadores, nações desenvolvidas e subdesenvolvidas. O investimento em tecnologia possibilita que as empresas sejam mais produtivas, os trabalhadores mais bem remunerados e os países mais competitivos, mas o sistema capitalista continua sujeito a febres especulativas e crises de produção, se novos mercados não são criados para satisfazer à necessidade de expansão da produção e da riqueza.

Os obstáculos à globalização política

A política é o ramo da vida coletiva menos globalizado. Se as empresas multinacionais montam filiais em todo o mundo e os fundos de pensão e os bancos privados diversificam suas aplicações, buscando países e regiões que lhes assegurem alta rentabilidade, não existe nada parecido com um governo global. As eleições para presidentes, primeiros-ministros, deputados e prefeitos continuam se dando nos respectivos territórios nacionais.

Na União Europeia, onde existem eleições para deputados europeus, os cidadãos italianos ou franceses continuam mais preocupados com as suas eleições nacionais. Um dos debates mais importantes da Europa do início do século XXI é o espaço para a soberania nacional, num contexto de formação de um "Estado regional", que engloba vários países.

Ao mesmo tempo, com o fim da disputa militar e ideológica entre os Estados Unidos e a União Soviética e a desintegração dos regimes socialistas do Leste Europeu, houve um renascimento da defesa da democracia. Por outro lado, os mercados ocuparam parte do espaço, antes controlado pelo Estado, sendo favorecidos pela ideologia do neoliberalismo. Como veremos, apesar dessas tendências comuns, os regimes políticos mantiveram-se bastante diferenciados.

Ou seja, se existe uma diversidade crescente entre as economias nacionais, no âmbito da geopolítica, essa complexidade é ainda maior. Nas palavras do cientista político italiano Norberto Bobbio, hoje há várias combinações possíveis entre mercado e Estado.

Enquanto no mundo da Guerra Fria havia uma oposição entre o preto e o branco, o debate político durante o século XXI deve girar em torno dos tons intermediários de cinza.

O FIM DA Guerra Fria

A queda do Muro de Berlim, em 1989, funciona como o marco simbólico para um mundo que entra em extinção. Isso porque do final da Segunda Guerra Mundial até esta data, o sistema político internacional esteve organizado em torno de dois grandes blocos, controlados, respectivamente, pelos Estados Unidos e União Soviética.

Apesar da ameaça sempre presente de uma guerra nuclear, esse período de Guerra Fria trouxe uma estabilidade política considerável. As duas potências em disputa raramente penetravam nas respectivas áreas de influências do seu adversário. Uma atitude como essa poderia desencadear uma Terceira Guerra Mundial, que nenhuma delas desejava. Os conflitos, quando ocorriam, davam-se na periferia do mundo capitalista, em Cuba, no Vietnã, no Afeganistão ou na América Central. Por exemplo, a intervenção armada soviética na Hungria, em 1956, não foi questionada oficialmente pelos Estados Unidos, por se tratar de área de influência da potência adversária.

Além disso, houve uma alteração radical das políticas internas dos países, que acabaram por reproduzir o clima internacional gerado pela Guerra Fria. Qualquer ameaça de avanço comunista, mesmo por meios democráticos, como no Chile do presidente socialista Salvador Allende, no início da década de 1970, era considerada dirigida contra o governo norte-americano. Assim, os Estados Unidos exerciam uma grande influência, destinando recursos para o desenvolvimento econômico, no caso de governos considerados pró-americanos, ou financiando intervenções armadas no caso dos governos considerados pró-comunistas. Não há, por exemplo, como negar que o extraordinário desenvolvimento econômico da Coreia do Sul, dos anos 1960 em diante está, em parte, relacionado à política norte-americana de isolar a Coreia do Norte socialista.

Alemães comemoram a queda do muro de Berlim, símbolo da divisão do mundo em dois blocos de poder. A partir de então, há um avanço dos valores democráticos e a globalização toma seu grande fôlego.

O fim da Guerra Fria inicia-se, na verdade, em 1985, quando da eleição do novo presidente soviético Mikhail Gorbachev, que decide pelo desarmamento da União Soviética e pela desocupação dos países do Leste Europeu, além de permitir a liberdade de imprensa e de manifestações públicas nos países sob sua influência. Como resultado, foram criados 18 novos países em virtude da desintegração da União Soviética, Iugoslávia e da antiga Tchecoslováquia.

Com o desmonte da União Soviética, os Estados Unidos surgiram como a única potência militar do mundo. Se a Guerra Fria trouxe a política internacional para dentro de todas as nações, ao seu término, com o fim da ameaça comunista, os Estados Unidos passaram a adotar uma postura de maior distanciamento em relação às ditaduras do mundo subdesenvolvido, algumas das quais – como no caso dos sanguinários Mobutu Sese Seko, do antigo Zaire, e de François "Papa Doc" Duvalier, do Haiti – haviam sido apoiadas pelo governo norte-americano, entre outros motivos, por serem anticomunistas.

Um país como a Somália, na África – que viveu durante a década de 1990 uma guerra civil envolvendo mais de vinte clás armados lutando entre si – não sofre intervenção por parte dos Estados Unidos nem dos países desenvolvidos, já que não é considerado um ponto estratégico. Ou como no caso de Mianmá, ex-Birmânia, na Ásia, onde parlamentares eleitos democraticamente, em 1990, foram presos depois de um golpe militar que se sustenta por mais de uma década, sem a manifestação da potência norte-americana. As intervenções armadas dos Estados Unidos não se dão mais por alegados motivos ideológicos ou anticomunistas, mas tão somente por razões que envolvem interesses econômicos, como na Guerra do Golfo; ou estratégicos, como no caso da Guerra de Kosovo.

Se as opções políticas se tornaram mais restritas, sendo difícil recusar a vinculação econômica ao capitalismo e custoso implantar regimes autoritários, em virtude das crescentes pressões da sociedade civil e dos organismos internacionais a favor da democracia, a construção de uma economia de mercado e de instituições democráticas não é tarefa fácil.

Assim, continuam existindo vários sistemas e regimes de governo que não são internacionalmente questionados em suas políticas, a não ser que afetem os interesses econômicos dos países dominantes. Sangrentas guerras locais entre "etnias" ocorrem pelo mundo afora sem que haja um sistema político internacional, com poderes efetivos, que intervenha em benefício da paz ou do estabelecimento da ordem jurídica.

Pode-se mesmo dizer que, com o fim da Guerra Fria, em vez de uma nova ordem internacional, se teria instaurado uma "desordem internacional". Ou seja, se o comunismo antes era considerado uma ameaça ao poderio norte-americano, na sua ausência algumas regiões do mundo ficaram alijadas do mapa da política internacional.

A DEFESA dos valores democráticos

Com o fim da Guerra Fria e a dissolução do regime soviético, um número crescente de países tem escolhido seus representantes a partir do voto direto.

Outro fator que contribuiu para o renascimento de valores democráticos, foi a difusão global de imagens a partir das novas tecnologias de comunicações, colocando pessoas, sob regimes autoritários, em contato com sociedades em que impera a liberdade de expressão e de organização política.

Segundo relatório do Banco Mundial, 61% dos 192 países existentes em 1998 realizavam eleições diretas nacionais. Esse porcentual está bem acima do verificado em 1974, quando apenas 28% dos países escolhiam seus governantes por meio do voto direto. Já nos anos 1970, regimes socialistas ainda estavam no poder e havia a presença muito difundida de ditaduras militares.

Na década de 1970, Brasil, Argentina, Uruguai, Paraguai e Chile encontravam-se sob ditaduras militares. Na Europa, Portugal e Espanha passaram a ter eleições apenas a partir da segunda metade da década. Na mesma época, a grande maioria dos países asiáticos e africanos também era comandada por líderes autoritários.

A partir dos anos 1990, quase todos os países latino-americanos passaram a ter eleições diretas, com exceção da Cuba socialista. Depois das tentativas de golpe no Paraguai e do autogolpe do presidente peruano, Alberto Fujimori, em 1992, no início do século XXI as eleições diretas já haviam se generalizado na região. Na África, podemos encontrar 25 dos seus 38 países com regimes formalmente democráticos.

Já no continente asiático, o cenário político é um pouco mais complexo, já que de um lado, existem países como a Índia, que desde a sua Independência, em 1947, não interrompeu o seu processo democrático e, de outro, a China que continua sendo governada pela ditadura do partido único. Há monarquias, como no caso da Tailândia, governada pelo rei Rama IX, países sob governos autoritários, como a Indonésia e Cingapura, além de países que iniciaram recentemente o seu processo de transição democrática, como a Coreia do Sul.

Mas o exemplo mais significativo do recente avanço democrático foi a destruição do regime de *apartheid* na África do Sul, com a vitória do líder negro Nelson Mandela, do partido Congresso Nacional Africano (CNA), nas eleições de 1994. Depois de ter ficado preso durante 27 anos, num país em que os negros

Nelson Mandela, principal nome na luta contra o regime de segregação racial na África do Sul, eleito líder do país em 1994.

não tinham acesso à propriedade nem ao voto, Mandela conseguiu o apoio da comunidade internacional e da ONU.

Esse fato revela em si algumas novidades trazidas pelo mundo pós-Guerra Fria e pelas novas tecnologias. Os valores democráticos e de justiça social permeiam a opinião pública internacional, que rejeitou o regime racista da África do Sul. Em países como Irã, Paquistão e Indonésia, apesar das limitações da democracia, as mulheres conseguiram o direito de voto, em parte em decorrência do auxílio de pressões internacionais.

Da mesma forma, o massacre dos manifestantes chineses favoráveis à abertura democrática por tanques do Exército, na Praça da Paz Celestial em Pequim, no ano de 1989 – quando, segundo estimativas, cerca de 2 mil pessoas foram assassinadas, na sua maioria estudantes – foi acompanhado pelo mundo inteiro. A cena do estudante chinês que só e desarmado enfrenta um tanque tornou-se um símbolo mundial da defesa da cidadania. As críticas ao regime não esmoreceram depois do massacre, e os chineses da oposição, impedidos de se manifestar politicamente, se utilizam da internet como instrumento de denúncia.

Cabe ressaltar que a expansão econômica, tanto da China como dos demais tigres asiáticos, significou a ampliação do capitalismo sob o controle muito rígido de governos autoritários, demonstrando que economia de mercado não necessariamente caminha junto com democracia.

O caso do Irã também é ilustrativo. Depois de se transformar numa república islâmica durante os anos 1980, sob o comando do aiatolá Khomeini, chefe religioso da nação, o país ingressa num processo de abertura democrática a partir da eleição, em 1997, do presidente Sayed Mohammad Katami, com apoio de mulheres, intelectuais e jovens. No entanto, apesar da moderada abertura democrática, o Irã continua sendo, em grande medida, governado pelo seu chefe religioso, contrário aos valores democráticos. Em 2005, com a eleição do presidente Mahmoud Ahmadinejad, o governo iraniano volta a assumir uma tendência mais conservadora em termos religiosos, além de partir para uma retórica nacionalista, especialmente quando defende o desenvolvimento da energia nuclear.

Além disso, em vários países, as eleições locais vêm se tornando importantes, principalmente porque são os prefeitos que têm de lidar diretamente com as carências sociais dos cidadãos. Em 1998, dos 48 maiores países do mundo, 34 tiveram eleições nacionais e locais. Mesmo em países pequenos da África, como Suazilândia e Cabo Verde, as eleições locais se generalizaram. Essa descentralização política funciona como uma das ferramentas de aprofundamento da democracia, já que os representantes eleitos são teoricamente mais capazes de aprimorar a qualidade de vida nas cidades.

Por último, cabe ressaltar que os regimes democráticos existentes são muito distintos entre si. Basta lembrar que, em muitos países onde há eleições diretas, a corrupção segue elevada, enquanto a sociedade continua muito distante das decisões tomadas pelos governantes. Nesses casos, as eleições são fraudadas, os candidatos vitoriosos financiados pelo poder econômico e os direitos humanos desrespeitados, havendo inclusive tortura de presos políticos.

Nesse início de século, segundo o historiador norte-americano Robert Darnton, dos cerca de 200 Estados Nacionais do globo, apenas cerca de 80 promovem eleições limpas e respeitam, ao menos minimamente, os direitos civis de seus cidadãos.

No intuito de averiguar a diferença de desempenho na gestão pública, a organização não governamental Transparência Internacional criou o "índice de corrupção global", numa tentativa de medir o alcance desse fenômeno, a partir de dados e entrevistas realizadas em noventa diferentes países. Percebe-se assim que os quinze países "mais transparentes" (com menos corrupção) são todos com democracias consolidadas do mundo desenvolvido, com exceção da cidade-estado ditatorial, Cingapura, que ocupa a sexta posição.

Os países com mais corrupção, segundo a avaliação, são justamente aqueles onde o poder público se encontra ausente, como em Angola e na Nigéria, ou naqueles países em que a transição do regime comunista para a democracia provou ser mais lenta e complicada do que os analistas ocidentais imaginavam. Isso porque a democracia não se instaura de uma hora para outra, devendo contar com o apoio da população, das forças políticas, e estar consolidada sob a forma de instituições: Executivo, Legislativo e Judiciário, controladas pela sociedade civil.

O QUE É neoliberalismo?

Juntamente com a defesa dos valores democráticos, uma outra tendência se afirma no cenário político mundial, a crescente predominância do neoliberalismo. Por neoliberalismo entende-se a reafirmação dos valores liberais – especialmente aqueles originados do liberalismo econômico do século XIX – e que, a partir da década de 1980, voltam à tona num novo contexto.

Tais valores defendem a menor intromissão do Estado na dinâmica do mercado, devendo o poder público se voltar para um conjunto limitado de tarefas, tais como a defesa nacional, a regulação jurídica da propriedade e a execução de algumas políticas sociais. Seria o chamado "Estado Mínimo". Os governantes, nas várias esferas, passam então a fazer uso de políticas de abertura de mercado, eliminação de subsídios, corte de impostos e privatizações, colocando maior ênfase na busca da eficiência econômica e abrindo espaço para a expansão do setor privado.

O diagnóstico dos neoliberais é o seguinte: as economias encontram-se "emperradas" pelo excesso de burocracia, pelo controle de sindicatos e pela cobrança de altos impostos. Para eles, as empresas estatais seriam, por natureza, ineficientes e os serviços públicos, de baixa qualidade. Os neoliberais encaram a desigualdade como algo positivo – a concorrência deve selecionar os melhores e os mais capazes deixando para trás os "incapazes", numa espécie de darwinismo social.

Nesse contexto, o mundo da solidariedade e do Estado do Bem-Estar Social, opções ideológicas predominantes entre os anos 1940 e 1960, cede espaço ao mundo do "cada um por si e todos contra todos".

As políticas neoliberais foram implementadas a partir de 1980, com o presidente Ronald Reagan, nos EUA, e com a primeira-ministra Margaret Thatcher, na Inglaterra, expandindo-se pela Europa por meio do primeiro-ministro alemão Helmut Kohl, no poder entre 1982 e 1998, sendo aceitas até mesmo pelos primeiros-ministros socialistas François Miterrand, na França, e Felipe González, na Espanha, durante os anos 1980.

O caso chileno é uma exceção. Durante a ditadura de Augusto Pinochet, esse país aplicou as políticas neoliberais já nos anos 1970, antes dos países europeus. Nos anos 1990, o neoliberalismo transforma-se em cartilha política na América Latina, recebendo a adesão dos governos de Argentina, Brasil, México e Peru, dentre outros.

Finalmente, depois da crise dos regimes socialistas no Leste Europeu, o neoliberalismo é apoiado com fervor por Boris Ieltsin, eleito presidente da Federação Russa, em 1992, e contando com o apoio do primeiro-ministro Yegor Gaidar, para dar início a um programa radical de privatização e abertura da economia. Na Hungria e na República Tcheca, como também nos novos países que emergem com o fim da União Soviética, as mesmas políticas seriam implementadas.

Até meados da década de 1990, o neoliberalismo converte-se em ideologia da maioria dos governos, assim como das empresas multinacionais e do setor financeiro. Depois de quase vinte anos de sua influência na execução das políticas econômicas na grande maioria dos países, cabe fazer um balanço dos seus resultados.

As políticas neoliberais com certeza conseguiram propiciar o aumento dos lucros do setor privado nos países onde foram aplicadas e reduzir as taxas de inflação. Entretanto, geralmente as aplicações financeiras predominam sobre os investimentos produtivos, o desemprego aumenta e as políticas sociais são questionadas.

Cabe lembrar ainda que existiram várias formas de abraçar o neoliberalismo. Nos países europeus, os gastos sociais chegaram inclusive a crescer, pois a sociedade não admitia que o setor público fosse destruído e os desempregados fossem largados à própria sorte. Foi, portanto, nos países da América Latina e do Leste Europeu que os efeitos do neoliberalismo se mostraram mais dramáticos. Nos países asiáticos, as políticas neoliberais não se firmaram de forma tão categórica, ainda que a Índia tenha iniciado programas de privatização e o Japão venha abrindo de forma paulatina a sua economia. O Estado forte é uma característica de quase todas as economias asiáticas.

Por fim, o neoliberalismo, ao defender a redução das atribuições do Estado, e ao exigir a abertura das economias nacionais, torna-as mais indefesas em momentos de crises externas. Para se protegerem da fuga de dólares, alguns países em desenvolvimento adotam medidas impopulares e passam por cima dos poderes Legislativo e Judiciário, comprometendo assim os valores democráticos.

Na entrada do século XXI, o neoliberalismo deixa de ser uma ideologia tão facilmente aceita, e abre-se espaço para críticas e propostas de reformas, da França à Malásia, da China à Venezuela, em alguns governos municipais e estaduais do Brasil, México e África do Sul e de importantes pensadores ocidentais e orientais.

A partir dos seus resultados negativos, avalia-se que a economia não pode comandar a política e a sociedade. O grande desafio pode ser resumido no título do livro de um consagrado sociólogo francês, Alain Touraine: *Como sair do liberalismo?*, publicado em 1999. A verdade é que não há uma só fórmula. Os países e grupos sociais prejudicados devem propor alternativas nacionais, novos modelos e espaços de cooperação internacional.

GLOBALIZAÇÃO *versus* Estados Nacionais

Virou moda economistas, cientistas políticos e jornalistas afirmarem que, com a globalização, os Estados Nacionais tendem a desaparecer ou ao menos a perder parte substancial do seu poder. Qual seria a lógica desse raciocínio? O poder econômico das multinacionais, a abertura dos mercados e a integração dos mercados financeiros deixariam os governos nacionais de mãos atadas, não havendo mais autonomia para decidir sobre impostos, barreiras protecionistas e políticas de juros e crédito. Qualquer política em sentido contrário traria alteração de humor dos grandes agentes econômicos internacionais. Ou seja, segundo tal enfoque, aos governos nacionais restariam apenas as tarefas de promoção da educação e saúde, além de políticas de emprego e assistência social para os mais pobres.

Entretanto, se analisarmos com a devida atenção, em vez de se reduzir, o número de países e governos nacionais vem crescendo de forma significativa nos últimos quarenta anos: enquanto em 1960, havia 96 países, hoje temos exatamente o dobro, ainda que em muitos a noção de soberania e o próprio Estado estejam ausentes.

Como defender então a ideia do fim do Estado Nacional? Se considerarmos que 75% da população mundial vivem em cerca de 25 países com mais de cinquenta milhões de habitantes e que essas populações continuam dependendo dos serviços fornecidos pelos seus governos, como acreditar numa globalização da política?

Por outro lado, não há como negar que o processo de globalização traz desafios enormes para os Estados Nacionais. Com a expansão dos fluxos econômicos entre as fronteiras, a noção de soberania ou de controle do espaço nacional torna-se mais restrita. Na nova realidade, por exemplo, é possível às empresas saírem de um país ou então os capitais "fugirem" rapidamente da Bolsa, deixando um rastro de desempregados e endividados.

Mas é justamente para dar conta desses desafios que os Estados Nacionais continuam tão importantes. Além disso, é também verdade que o enfrentamento de alguns problemas – como os desastres ecológicos ou os crimes de extensão global – dependem crescentemente de uma cooperação entre Estados.

O Estado Nacional moderno surgiu nos séculos XVIII e XIX nos países europeus de onde se espalhou para as antigas colônias tornadas independentes. Ele se fundamentou primeiramente nos direitos civis dos indivíduos – liberdade de expressão e direitos jurídicos, segundo a máxima de que todos os cidadãos são iguais perante a lei. Depois, expandiu-se para abarcar os direitos políticos, construindo sociedades democráticas. Mais tarde, passou a se responsabilizar pelos direitos sociais – saúde, educação e assistência social.

Hoje, o Estado Nacional possui uma quarta tarefa: impedir que o processo de globalização se instaure numa sociedade segmentada entre incluídos e excluídos. Para isso, os Estados Nacionais devem investir em ciência e tecnologia, qualificação profissional, estimular os seus sistemas produtivos, aumentando a competitividade do conjunto do país, além de erradicar os bolsões de miséria.

Alguns países como Noruega, Canadá e Austrália, Estados Unidos e Japão dependem de suas próprias forças para alcançar esses objetivos. Outros como Portugal e Espanha talvez o consigam pelo respaldo do poder econômico e político da União Europeia. Já países como México, Brasil, e África do Sul dependem de reformulações dos organismos internacionais, bem como de esforços coletivos nacionais para corrigir o grande atraso social. Por último, países como a Nigéria dependem da criação de um novo Estado, já que, atualmente, o poder político é exercido por algumas poucas elites, enquanto guerras entre etnias e tribos dizimam a nação. Nesses casos, vigora o "Estado Predatório", em que alguns poucos indivíduos consomem os recursos fiscais em benefício próprio, aproveitando-se da inexistência de instituições democráticas.

A CRESCENTE importância dos organismos multilaterais

Com a globalização das economias, as crises recorrentes dos países em desenvolvimento e o surgimento de novos problemas sociais, as organizações internacionais já existentes no passado tiveram as suas atribuições alteradas.

No plano econômico, o FMI e o Banco Mundial passaram a desenvolver políticas diferentes daquelas para as quais foram criadas. Ao mesmo tempo, surgiu a Organização Mundial de

Comércio (OMC), em substituição ao antigo GATT, para regular as políticas comerciais de mais de 140 países, assegurando que estes mantenham a tendência atual de abertura de mercados.

Quando chamamos esses organismos de multilaterais ou internacionais, em vez de globais, queremos dizer que são fóruns nos quais os vários países encaminham as suas demandas e propõem políticas. Ou seja, não existe um poder autônomo global que dite regras, sobrepondo-se ao poder dos Estados Nacionais.

Além disso, o FMI, o Banco Mundial e a OMC, ainda que tenham a maior parte das suas políticas voltadas para os países subdesenvolvidos, agem de acordo com os interesses dos países desenvolvidos. Muitos dos temas debatidos nesses fóruns são decididos de antemão em espaços como o G-8, que agrupa as sete maiores economias mais a Rússia, ou a OCDE, que congrega mais de vinte países, a maioria dos quais do mundo rico.

A própria Organização das Nações Unidas (ONU) vem tendo o seu papel redimensionado, a partir do fim da Guerra Fria e do ingresso de novos países nessa instituição, demandando políticas nas áreas de saúde, educação, agricultura e combate ao desemprego, bem como iniciativas que promovam a paz mundial.

OS NOVOS PAPÉIS do Banco Mundial e do FMI

Essas duas instituições multilaterais foram criadas em 1944, no pós-Segunda Guerra Mundial, a partir da Conferência de Bretton Woods, da qual participaram cerca de 29 países. O papel do FMI então era fornecer recursos para países que apresentassem déficits externos e não conseguissem estabilizar a sua situação. O FMI procurava impedir que os países fossem forçados a desvalorizar suas moedas em tempos difíceis. Já o Banco Mundial fornecia recursos de longo prazo para as economias devastadas pela guerra.

Entretanto, durante os anos 1970, essas instituições perderam sua importância estratégica. Os países desenvolvidos deixam de lado a supervisão do FMI, enquanto o Banco Mundial torna-se superado com os empréstimos realizados pelos bancos privados internacionais.

Nos anos 1980, com a crise da dívida externa, o FMI transforma-se na "polícia financeira" dos países em desenvolvimento, seriamente endividados, buscando assegurar que os empréstimos contraídos fossem pagos; enquanto o Banco Mundial fornece consultorias e recursos para reformas comerciais, das políticas sociais e do setor público, além de adiantar empréstimos para investimentos de longo prazo, concentrando as suas atividades nos países mais pobres.

Essas duas instituições são controladas pelos países desenvolvidos, que contribuem com a maior parte dos recursos financeiros. Se mais de 180 países fazem parte do FMI e do Banco Mundial, o poder de voto depende da dotação financeira. No caso do FMI, 40% dos recursos são fornecidos por Alemanha, Estados Unidos, França, Inglaterra e Japão, os quais possuem um terço dos votos nas decisões tomadas. No Banco Mundial, as prioridades são definidas pelo Conselho de Governadores, controlado pelos países desenvolvidos.

Tanto o FMI quanto o Banco Mundial operam à base das chamadas *condicionalidades*. Um país que necessita de recursos externos, seja para prevenção de uma crise, seja para realização de investimentos em infraestrutura, é considerado um país com desajustes econômicos, os quais necessitam ser corrigidos. Um pacote de políticas vem então junto com os empréstimos: os países devem privatizar suas empresas, eliminar subsídios, reduzir os gastos sociais em tempos de crise, abrir suas economias e reformar o setor público. Não é à toa que essas organizações são consideradas as principais promotoras do neoliberalismo.

Várias são as críticas desferidas contra o FMI e o Banco Mundial. Vejamos alguns exemplos: países como Somália e Zimbábue, na África, depois de acordos com o FMI, perderam a sua autossuficiência alimentar, ao serem obrigados a cortar os subsídios dos pequenos agricultores; outro país africano, a Tanzânia, depois do acordo com o FMI, presenciou uma queda da sua renda *per capita* e um aumento na taxa de analfabetismo; na Índia, o corte de gastos com saneamento básico e saúde – para estabilizar as contas públicas – trouxe de volta a peste bubônica; as economias do Leste Europeu sofreram perdas de 20 a 30% da sua produção entre 1990 e 1992, depois da assinatura de acordos com o FMI.

Os países ricos e seus blocos de interesse dominam as decisões dos órgãos de regulamentação internacionais. Na charge: a "pequena" OMC é disputada em um cabo de guerra entre Estados Unidos e União Europeia.

Como o FMI e o Banco Mundial respondem a essas críticas? Em primeiro lugar, apontam que o "remédio prescrito" não foi aplicado de forma correta, sendo necessárias doses mais fortes. Em segundo, a partir de 1995, quando as críticas às suas políticas se fizeram mais agudas, essas instituições passaram a desenvolver projetos de combate à pobreza, de alívio da dívida externa dos "países mais seriamente endividados" e de melhoria dos serviços públicos, estimulando – especialmente no caso do Banco Mundial – a participação da própria população envolvida e de organizações locais e populares.

Mesmo assim, há um intenso debate em torno da revisão do papel dessas duas organizações multilaterais, exigindo-se maior transparência nas suas decisões, no intuito de que estas não agravem a situação social da população mais pobre dos países que recebem seus recursos.

A OMC E OS INTERESSES dos países ricos e das multinacionais

Em 1995, foi criada a Organização Mundial de Comércio (OMC), com sede em Genebra na Suíça, composta por 142 países no ano 2001. Do total de membros da OMC, cerca de cem são considerados países subdesenvolvidos ou em desenvolvimento.

O objetivo principal da OMC é liberalizar o comércio mundial, reduzindo barreiras tarifárias (impostos de importação) e restringindo o uso das chamadas barreiras não tarifárias – mecanismos de contenção às importações usados por um determinado país, como no caso das cotas ou das barreiras técnicas ou sanitárias. A cada dois anos, a partir das Conferências Ministeriais, reúnem-se os ministros das Relações Exteriores dos países membros para negociar uma pauta geral em que todos os países estejam dispostos a ceder em benefício de regras amplas e consensuais. Diferentemente do Banco Mundial e do FMI, na OMC cada país dispõe de um voto, e todas as decisões devem ser aprovadas por unanimidade.

Além disso, existe o Órgão de Solução de Controvérsias, que cumpre o papel de solucionar eventuais conflitos na aplicação ou na interpretação das normas da OMC. Somente os países membros podem entrar com consultas ou solicitar abertura de painéis. Isso mostra que esse tribunal não é global, já que depende dos governos nacionais. Pelo contrário, os países mais poderosos têm considerável poder de pressão: 60% das consultas levadas à OMC, entre 1995 e 2000, vieram dos Estados Unidos e da União Europeia.

A OMC surgiu no intuito de funcionar como tribunal das trocas comerciais entre os países, impedindo que esses se fechassem nos seus blocos regionais, ou que fizessem uso de políticas internas que beneficiassem os produtos locais em detrimento dos fabricados em outros países. Ou seja, com a abertura dos mercados, um subsídio concedido aqui, ou uma tarifa elevada acolá, significam transferência de comércio de umas áreas para outras. Dessa forma, a OMC procura criar um conjunto de regras acerca do que pode ser feito ou não para estimular os setores produtivos nacionais.

Na realidade, pressionada pelas empresas multinacionais, a OMC estabelece regras que defendem os interesses desses grandes grupos, os quais exigem liberdade para montar as suas filiais nos vários pontos do mundo, de acordo com a maior rentabilidade, limitando o poder dos governos nacionais – encarregados de promover o desenvolvimento tecnológico, o mercado interno e a geração de empregos.

Se essas medidas promotoras da abertura de mercado limitam a soberania dos países mais pobres para realizar políticas ativas de desenvolvimento, elas não impedem que os países desenvolvidos restrinjam o seu mercado a partir de artifícios técnicos – especialmente no caso dos produtos primários. É o caso da limitação à importação de atum proveniente do México ou da Coreia do Sul, imposta pelos EUA, supostamente como forma de defender os golfinhos; ou da barreira, também dos Estados Unidos, à gasolina importada do Brasil e da Venezuela por questões sanitárias. Os países mais pobres, ao contrário, não dispõem de recursos para sustentar equipes técnicas nos extensos painéis da OMC.

Ou seja, não é à toa que, de acordo com as palavras sugestivas do ex-presidente norte-americano, Bill Clinton, "A maioria das pessoas considera a OMC um clube de endinheirados, onde se discute numa língua que ninguém entende e criam-se regras que beneficiam os mesmos de sempre".

Se não forem criadas novas leis e mecanismos que permitam mais autonomia e maior participação no crescimento do comércio para os países subdesenvolvidos, cedo ou tarde, estes países podem optar por modelos de desenvolvimento mais fechados, inclusive comprometendo a globalização.

Ao tratar de forma igual países desiguais, a OMC "esquece" a diferença entre as políticas protecionistas dos países desenvolvidos, com base industrial mais diversificada e avançada, e as políticas de desenvolvimento dos países mais pobres que ainda precisam desenvolver, no interior de suas economias, alguns segmentos e setores de tecnologia mais avançada, além de se tornarem produtores de bens de consumo popular para seu próprio mercado interno. Como exigir que Bangladesh siga as mesmas políticas que a Alemanha?

Estes dilemas têm se tornado cada vez mais incontornáveis. Apesar de uma nova rodada da OMC ter sido lançada em Doha, ao final de 2001, até a última conferência de Hong Kong, realizada em dezembro de 2005, as discordâncias entre países ricos e pobres não haviam sido resolvidas. Brasil e Índia, junto com outras grandes nações da periferia, lançaram o G-20, enquanto outros países em desenvolvimento organizaram o G-33. Esses blocos recusam-se a fazer novas concessões, enquanto Estados Unidos e União Europeia não abrirem, desta vez para valer, os seus mercados agrícolas.

A ONU e suas agências

Os organismos multilaterais mencionados exercem maior atração sobre a mídia pelo fato de serem fundamentais na definição dos rumos da economia mundial. Também são eles os maiores alvos de críticas por pane de alguns países subdesenvolvidos e dos movimentos sociais em geral.

Não podemos esquecer, no entanto, a existência de vários outros organismos multilaterais voltados para questões sociais, humanitárias e para a resolução de conflitos mundiais. Esses organismos estão geralmente sob a estrutura da Organização das Nações Unidas (ONU), tratando cada um de temas específicos.

A ONU foi criada em 1945, contando, na época, com cinquenta países. Hoje, conta com cerca de 190 países membros. Essa instituição possui várias instâncias, dentre as quais, a Assembleia Geral, realizada uma vez por ano, quando os representantes dos países se reúnem na sua sede, em Nova York, para debater questões relevantes do cenário internacional. A condução administrativa dessa organização cabe ao seu secretário-geral.

Um dos principais órgãos da ONU é o Conselho de Segurança, cujo papel é manter a paz mundial. Composto de quinze assentos, cinco fixos – Estados Unidos, França, Inglaterra, Rússia e China – e dez rotativos, esse Conselho deve solucionar os conflitos internacionais. As suas decisões dependem de nove votos favoráveis, sendo que um voto contrário inviabiliza qualquer decisão. Ou seja, a ONU também ainda não se constitui numa organização global, já que é comandada basicamente pelos interesses de alguns governos nacionais poderosos.

Os esforços de negociação da paz na ONU trouxeram alguns resultados positivos nos casos do Haiti, com o retorno do presidente eleito e deposto pelos militares, Jean-Bertrand Aristide, e do Timor Leste, que se separou da Indonésia a partir de um referendo organizado pela organização, em 1999.

Entretanto, em vários casos, como nos massacres de Sarajevo e Kosovo, nas guerras entre etnias em Burundi e Ruanda, ou na tomada de poder pela milícia Taleban, no Afeganistão, a ONU tem-se mostrado incapaz de negociar a paz. No caso dos conflitos entre israelenses e palestinos no Oriente Médio, o papel da instituição tem sido bastante limitado.

Nesses casos, a atividade da ONU resume-se ao amparo de refugiados – cidadãos perseguidos em seus próprios países por razões de raça, etnia, religião ou valores religiosos – totalizando mais de 20 milhões de pessoas no mundo em busca de abrigo fora de seus países.

Além disso, uma parte expressiva do trabalho das Nações Unidas está relacionada à promoção de melhores condições de vida nos países em desenvolvimento, por meio de ações voltadas para a melhoria dos níveis de educação, saúde, alimentação e das condições de trabalho, além do combate ao trabalho infantil, ao turismo sexual e à aids – ações essas implementadas por suas agências específicas, subordinadas ao Conselho Econômico e Social. A ONU também é responsável por várias declarações internacionais de defesa dos direitos humanos e de convenções e conferências internacionais contra o racismo, a discriminação das mulheres e a defesa do meio ambiente.

Sede da ONU, Nova York.

Listamos na página seguinte as principais agências, pertencentes a ONU, ou que possuem uma cooperação com essa instituição.

Deve-se ressaltar, contudo, que a intensa atividade da ONU não vem acompanhada de uma transformação das relações entre ricos e pobres, ou entre globalizadores e globalizados. Os seus poderes são limitados e as suas atividades encontram-se bastante aquém dos desafios sociais existentes. Se o mundo pós-Guerra Fria abriu a perspectiva de que a ONU se tornasse realmente uma instituição global preocupada com a solidariedade internacional, isso ainda não ocorreu de forma efetiva. Ou seja, também no caso dessa organização, percebe-se uma crise de legitimidade em relação às suas ações.

Principais agências da ONU	Descrição
OIT	Organização Internacional do Trabalho
FAO	Organização das Nações Unidas para a Agricultura e Alimentação
UNESCO	Organização das Nações Unidas para a Educação, Ciência e Cultura
OMS	Organização Mundial de Saúde
UNICEF	Fundo das Nações Unidas para a Infância
PNUD	Programa das Nações Unidas para o Desenvolvimento
ACNUR	Alto Comissariado das Nações Unidas para os Refugiados
HABITAT	Conferência das Nações Unidas para Assentamentos Humanos
UNCTAD	Conferência das Nações Unidas para o Comércio e o Desenvolvimento
PNUMA	Programa das Nações Unidas para o Meio Ambiente
UNIFEM	Fundo de Desenvolvimento das Nações Unidas para a Mulher

Fonte: Nações Unidas

Se é verdade que em muitos países, desprovidos de Estado e de leis, onde as guerras entre grupos locais predominam, a ONU proporciona ajuda alimentar e abrigo aos refugiados; para que a atuação dessa entidade refletisse o que está contido nas suas declarações e convenções, esta teria de questionar algumas das políticas defendidas por outras organizações multilaterais – como o Banco Mundial, o FMI e a OMC, que controlam o poder econômico de fato – e se colocar acima dos interesses particulares das grandes potências.

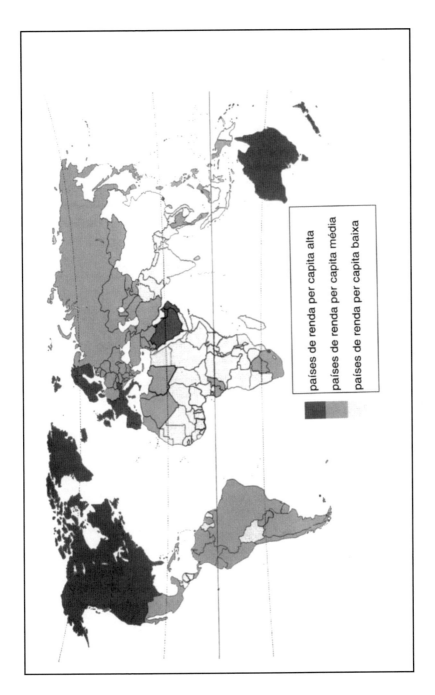

As sociedades nacionais
e a emergência da sociedade global

Se a globalização propiciou a emergência de uma sociedade global, em que se verificam manifestações e alianças conjuntas de trabalhadores, empresários, camponeses, movimentos feministas, ambientalistas e organizações não governamentais de vários países, por outro lado esses movimentos sociais continuam intervindo no âmbito nacional, onde são tomadas boa parte das decisões políticas.

Sendo assim, as tarefas da sociedade nacional mantêm-se importantes, ao passo que alianças internacionais podem tornar o combate à exclusão social e ao trabalho infantil mais efetivo, se alguns valores humanistas universais forem defendidos em todos os países. Além disso, a internet permite que informações sobre as condições de vida e as propostas dos movimentos sociais sejam conhecidas mais rapidamente em várias partes do mundo.

Aos poucos, vai se criando uma sociedade civil global com valores morais distintos dos valores econômicos das organizações multilaterais como o FMI, o Banco Mundial e a OMC, o que permite a discussão dos rumos e alcances da globalização. Até mesmo as interpretações sobre a globalização são diversas, opondo os profetas e defensores da globalização econômica irrestrita aos críticos que defendem freios à expansão dos mercados e a valorização das questões sociais e morais.

No âmbito cultural, esfera privilegiada da vida em sociedade, presencia-se, de um lado, a emergência de uma mídia global e a padronização do consumo e dos gostos; enquanto de outro, se cria uma resistência local, voltada para a proteção dos valores mais íntimos das comunidades: é o poder da identidade que se rebela contra a imposição de padrões homogêneos de comportamento e expressão cultural. Portanto, a globalização propicia tanto a expansão de alianças sociais internacionais, com propósitos e ideologias diferenciadas, como a reação de movimentos locais e nacionais à invasão estrangeira.

A POBREZA do mundo

Em todos os países, o processo de abertura de mercados, de incentivo ao investimento financeiro e de redução do papel do Estado – ainda que essas tendências possuam ritmos e resultados distintos, dependendo dos países – tem levado ao aumento da desigualdade, ampliando a distância entre ricos e pobres e gerando um contingente de trabalhadores desempregados e excluídos dos serviços sociais.

O mundo globalizado tem, portanto, ampliado os contrastes e as desigualdades. De um lado, a aquisição de produtos sofisticados por uma pequena elite conectada aos fluxos internacionais de dinheiro e comércio, existente em todos os países; de outro, a expansão de um contingente significativo de pobres e excluídos do acesso aos bens básicos. O Relatório do Banco Mundial, publicado no ano 2000, estimou que 1,2 bilhões de pessoas – 24% da população mundial – vivem com menos de um dólar por dia, sendo que perto da metade da população do planeta dispõe de menos de dois dólares por dia.

Esse critério de definição da pobreza é limitado, não só por não considerar que um dólar compra quantidades diversas de produtos e serviços em cada país, como também por não medir o acesso a serviços públicos, como educação, saúde, habitação e saneamento básico. Como exemplo, basta citar que 40% da população mundial, segundo relatório da Organização Mundial de Saúde (OMS) não dispõem de sistema de esgoto. Ainda assim, o Relatório do Banco Mundial serve como um marco de referência para demonstrar que

Saúde
968 milhões de pessoas sem acesso à água encanada (1998)
2,4 bilhões de pessoas sem acesso à saneamento básico (1998)
34 milhões de pessoas vivendo com HIV/aids (fim de 2000)
2,2 milhões de pessoas morrem anualmente em razão da poluição (1996)

Educação
854 milhões de adultos analfabetos, sendo 543 milhões de mulheres (2000)
325 milhões de crianças fora da escola no nível primário e secundário, sendo 183 milhões do sexo feminino (2000)

Pobreza
1,2 bilhão de pessoas vivendo com menos de 1 dólar por dia (1998), 2,8 bilhões com menos de 2 dólares por dia (1998)

Crianças
163 milhões de crianças com menos de 5 anos subnutridas (1998)
11 milhões de crianças com menos de 5 anos morrem diariamente de causas preveníveis (1998)

a globalização não conseguiu universalizar um padrão de consumo básico para todos os habitantes do planeta.

Se analisarmos a distribuição da população mais pobre, que dispõe de menos de um dólar por dia, veremos que ela se encontra dividida da seguinte forma: 43% dos pobres vivem no sul da Ásia em países como Índia, Bangladesh e Paquistão; 18%, na China; 25%, na África; e outros 15% estão distribuídos entre o Sudeste Asiático (Indonésia, Malásia, Filipinas), América Latina e Leste Europeu.

Se a pobreza já existia nesses países, pode-se dizer que o processo de globalização, ao ampliar não apenas a distância entre países desenvolvidos e subdesenvolvidos, mas também entre os ricos e os pobres em cada país, contribuiu para agravar essa situação, na maioria dos casos.

O México, por exemplo, que desde 1996 apresenta altas taxas de crescimento, não conseguiu reduzir os seus níveis de pobreza e desigualdade. Na Argentina, o número de pessoas abaixo da "linha de pobreza" – indicador que mede o mínimo necessário para necessidades básicas – aumentou de forma expressiva, durante os anos 1990. No Leste Europeu, o quadro tem piorado de forma dramática: o número de pobres aumentou cerca de vinte vezes entre 1987 e 1998. Na Rússia, a expectativa de vida chegou a cair para 57 anos em 1994, inferior ao registrado na Bolívia. Na África – em países como Etiópia, Níger, Ruanda e Uganda – cerca de 90% da população vive com menos de dois dólares por dia. Em países como Somália, Afeganistão e Haiti, 70% da população é composta por pessoas subnutridas.

Mesmo nos países ricos, a pobreza ampliou-se de forma significativa nos anos 1990, quando se acelerou o processo de globalização econômica. Estima-se que nos países industrializados 15% das crianças vivam em situação de pobreza. Obviamente que um pobre alemão ou norueguês possui um padrão de vida bem superior ao de um pobre brasileiro ou indiano. Entretanto, esse indicador reflete que uma parcela da população dos países ricos também não tem colhido as vantagens da globalização. Nos Estados Unidos, por exemplo, 14% das pessoas e 20% das crianças são considerados pobres, não tendo se aproveitado do crescimento econômico dos anos 1990.

Como a pobreza significa um alto nível de desperdício de potencial humano e econômico, a ONU, por meio do Programa das Nações Unidas para o Desenvolvimento (PNUD), criou, nos anos 1990, o Índice de Desenvolvimento Humano (IDH) com o propósito de classificar os países em termos de indicadores sociais, levando em conta a renda *per capita*, o nível de escolaridade da população adulta e a expectativa de vida.

Dos 177 países analisados, com dados para o ano de 2004, chegou-se à conclusão de que os países de desenvolvimento humano alto encontram-se, em grande medida, no mundo desenvolvido. O Brasil ocupa a 69ª posição, sendo incluído nos países de desenvolvimento humano médio, junto com a maioria dos países latino-americanos e do Leste Europeu, alguns países africanos, como Egito e África do Sul, além de países asiáticos, como Tailândia e Filipinas. Considerados países de desenvolvimento humano baixo, são a grande maioria dos países africanos, além do Haiti, no Caribe, e países asiáticos como Nepal e Bangladesh.

Na última Assembleia Geral da ONU do século XX, realizada em setembro de 2000, foram estipuladas algumas metas de combate à pobreza global até 2015: reduzir para 15% as pessoas vivendo em situação de pobreza extrema, matricular todas as crianças na escola, reduzir em 60% as taxas de mortalidade infantil e diminuir de forma substantiva a discriminação contra a mulher. Para que isso aconteça, no entanto, devem ser modificadas as regras da economia global, fazendo com que os países mais pobres consigam ampliar o acesso aos mercados externos, assumindo também a sua tarefa de expandir as políticas sociais, bem como o nível de emprego. Ou seja, se mudanças expressivas não forem coordenadas pelo sistema internacional, incluindo a redução das restrições à migração internacional para os países desenvolvidos, a situação social do mundo globalizado pode se tornar explosiva. Isso porque, entre 2000 e 2025, se espera que a população mundial seja acrescida de mais 2 bilhões de pessoas, sendo que 97% destas irão viver nos países subdesenvolvidos, nos quais as carências sociais são enormes.

Finalmente, a globalização traz consigo também maior concentração da população nas cidades, onde se acumula, especialmente nas grandes e inchadas metrópoles dos países subdesenvolvidos, uma parte significativa dos pobres, desempregados e trabalhadores informais. Em 1995, dois terços da população urbana mundial encontrava-se nos países de renda baixa ou média, contra um terço nos países de renda alta. Além disso, das 25 maiores aglomerações urbanas existentes no mundo, dezenove encontram-se no mundo subdesenvolvido (três das quais na China), contra seis no caso dos países desenvolvidos.

A EXPANSÃO do desemprego e do emprego informal

O aumento da desigualdade entre países ricos e pobres e o crescimento da pobreza tanto nos países desenvolvidos como nos subdesenvolvidos esteve relacionado à abertura dos mercados e ao crescimento desordenado da esfera financeira, propiciando a expansão do desemprego e do emprego informal na grande maioria dos países, ainda que em ritmos e com significados diferentes. Certamente, um desempregado sueco ou francês é diferente de um desempregado peruano ou tailandês. No primeiro caso, existem sistemas de seguro-desemprego sólidos, os quais durante mais de um ano cobrem boa parte do salário do trabalhador no seu último emprego. No segundo caso, os sistemas de proteção ao desempregado são frágeis e muitas vezes não há alternativa fora dos empregos informais, com baixos salários e sem acesso aos direitos trabalhistas. Nesses empregos, os trabalhadores "pulam de bico em bico", não construindo uma carreira profissional que leve ao aumento do aprendizado e do nível de renda.

Especialmente nos países subdesenvolvidos, é comum encontrarmos uma parte significativa da população vivendo de "biscates" ou de empregos de ocasião, como camelôs, perueiros, vendedores de pequenos serviços, catadores de lixos, carregadores de riquixás, verdadeiros "faz-tudo", que se amontoam nas grandes metrópoles. Em economias industrializadas do mundo subdesenvolvido como África do Sul, Brasil, Coreia do Sul e México, mais da metade da mão de obra está inserida no mercado informal de trabalho.

Como explicar essas tendências de aumento do desemprego e expansão da informalidade? Elas se devem à aplicação conjunta de medidas de abertura de mercado, privatização, inovação tecnológica acelerada com redução da capacidade produtiva, além das mudanças na legislação trabalhista, que passaram a permitir empregos temporários e por tempo parcial – a grande maioria dos quais são precários, pois pagam baixos salários e não dispõem de contribuição à aposentadoria.

Na China, o avanço do trabalho informal esteve relacionado às demissões das empresas estatais em processo de modernização. Em algumas cidades deste país, trabalhadores saem de casa carregando placas com os dizeres "procuro trabalho", além de alicates e rolos de pintura, na espera de serem recrutados para algum trabalho de ocasião.

Pode-se também cogitar que a expansão da informalidade esteja relacionada a uma mudança no processo de trabalho. Com as novas tecnologias e a preocupação constante com a eficiência, uma parte crescente dos trabalhadores trabalha em casa, possui contratos individuais ou está empregado em pequenas empresas. Se isso confere agilidade ao processo produtivo e reduz custos no curto prazo, aumenta a insegurança, pois o trabalhador possui menos benefícios e não sabe até quando vai ficar no seu emprego. Ao mesmo tempo, em atividades novas como chapeiros de hambúrgueres, guardadores de carros em estacionamentos, passeadores de cachorros e entregadores de pizzas, os sindicatos raramente estão presentes.

Se no antigo setor industrial, os salários eram mais ou menos nivelados e a legislação trabalhista respeitada, no novo grande setor de serviços urbanos, presente em todas as grandes metrópoles, a informalidade é a regra, e não mais a exceção.

Com a crise de 1994-95, no México muitos empregos formais desapareceram. Na foto: camelôs mexicanos tentam ganhar a vida nas ruas tal como nas demais grandes metrópoles dos países subdesenvolvidos.

Com exceção dos Estados Unidos, os países desenvolvidos experimentaram altos níveis de desemprego nos anos 1990, especialmente se considerarmos os casos europeu e japonês. Porém, foi nos países em desenvolvimento que o desemprego e a informalidade mais cresceram nos últimos vinte anos do século XX.

Ao final do século XX, os países com maior contingente de desempregados estavam localizados nos países em desenvolvimento. Por ordem decrescente, China, Índia, Brasil, Indonésia e África do Sul ocupavam lugar de destaque. Isso porque a população economicamente ativa continua aumentando nesses países, enquanto a quantidade de empregos disponíveis não avança necessariamente na mesma proporção, em virtude da abertura de mercado, do enfraquecimento dos sistemas produtivos, das privatizações e da ausência de políticas de geração de empregos.

Números da precariedade do trabalho no mundo e na América Latina

	Mundo	América Latina
Trabalho forçado[1] (2004)	12,3 milhões	1,3 milhão
Trabalho infantil[2] (2005)	190,7 milhões	5,7 milhões
Desempregados – totais (2006)	195,2 milhões	–
Desempregados jovens (2005)	88,2 milhões	9,5 milhões
Trabalhadores pobres (menos de US$ 2,00 diários) (2006)	1,368 milhões	74,5 milhões

Fonte: OIT.

[1] Calculado a partir das seguintes modalidades: exploração econômica, trabalho forçado imposto por Estado ou por militares e exploração sexual comercial. Trata-se de uma estimativa mínima.

[2] Crianças economicamente ativas de 5 a 14 anos.

Segundos dados da OIT, de uma força de trabalho mundial de 3,1 bilhões de pessoas, em 2003, 6,3% encontravam-se desempregadas – totalizando mais de 190 milhões de trabalhadores desperdiçados. Além disso, quase 1,4 bilhão de pessoas ocupadas recebiam uma renda inferior a 2 dólares por dia. Pode-se dizer, portanto, que cerca de metade da mão de obra mundial, no início do século XXI, vivia sem emprego ou em péssimas condições de trabalho.

Seria agora o caso de nos perguntarmos se existe uma força de trabalho global. Ou seja, teriam os mercados de trabalho nacionais sido substituídos por um grande mercado de trabalho global? Ora, isso acontece apenas em alguns casos, como no segmento de executivos altamente qualificados, os quais são disputados pelas grandes multinacionais. Aí, sim, existe um mercado global com salários nivelados e exigências profissionais semelhantes. A maioria esmagadora dos trabalhadores segue, entretanto, presa às condições locais e nacionais do mercado de trabalho, havendo diferenças salariais gritantes entre as várias economias.

A emigração acaba sendo uma saída para muitos trabalhadores desesperados.
Na foto: cerca de 200 imigrantes ilegais africanos,
detidos em Tarifa, no sul da Espanha.

Por sua vez, a imigração tem sido bem inferior ao que foi no passado. Nos Estados Unidos, no ano 2000, 12% dos trabalhadores eram imigrantes, porcentual inferior aos 15% verificados no início do século. Nesse país, diga-se de passagem, a força de trabalho imigrante é bastante heterogênea: há desde os imigrantes mexicanos que ficam "detrás do balcão" das cadeias de *fast-food*, até os indianos empregados preferencialmente nas empresas de alta tecnologia.

Na verdade, apenas 2% da mão de obra mundial é composta de imigrantes. Mas há diferenças significativas: enquanto na Suíça, Canadá e Austrália, mais de 20% da mão de obra é estrangeira, em países como Japão e Espanha, esse porcentual é inferior a 1%.

A imigração só não é maior em virtude das barreiras a que os trabalhadores pobres dos países subdesenvolvidos estão sujeitos, na busca por melhores condições de vida. Somente no ano 2000, cerca de 500 mexicanos perderam a vida tentando ultrapassar a fronteira com os Estados Unidos. Com a ampliação das informações e o desenvolvimento dos transportes – como no caso da aviação – surgem os "paus de arara" globais, que enfrentam grandes obstáculos para se deslocar de um país para outro e vencer os rígidos serviços de imigração.

Entretanto, se não existe um mercado de trabalho global, seria ingênuo negar os impactos da globalização sobre o mercado de trabalho. Isso porque as empresas multinacionais passam a subcontratar serviços de trabalhadores na periferia do mundo, com salários e benefícios sociais menores. Nos setores de software e de agências de viagem, algumas etapas são repassadas por empresas multinacionais diretamente para trabalhadores indianos, israelenses ou irlandeses vivendo a milhares de quilômetros de distância.

Os sindicalistas norte-americanos respondem raivosos: "Não queremos que nossos salários sejam definidos no México ou na China". Por sua vez, alemães e japoneses recusam-se a aceitar a concorrência com os produtos norte-americanos, pois os seus trabalhadores são mais bem remunerados.

Portanto, ainda que não haja um mercado de trabalho global, as empresas usam, com frequência, a ameaça de que podem mudar as suas fábricas para países mais pobres, no caso de os sindicatos locais não se conformarem com níveis salariais inferiores.

CRIME GLOBAL, turismo sexual, trabalho forçado e trabalho infantil

A expansão do mercado global, juntamente com a ausência de regulações nacionais e internacionais, permitem o crescimento pronunciado de muitas atividades ilícitas e desumanas, como a economia do crime internacional, o turismo sexual, o ressurgimento da escravidão e o trabalho infantil.

Pode-se até mesmo afirmar que a economia do crime global se aproveita da dissolução da economia soviética, da crise social dos países em desenvolvimento e da globalização financeira – que permite a lavagem de dinheiro proveniente de atividades criminosas. Por sua vez, as novas tecnologias abrem espaço para que as gangues e máfias locais e nacionais se organizem em rede, dividindo atribuições e mercados, atuando de forma complementar, trocando

A globalização também atingiu os países pobres, criando o "comércio da gente". Na foto: adolescentes de Bangladesh vendidas para um bordel indiano.

informações, montando "filiais" e abrigando criminosos perseguidos pela polícia de seus países. Como exemplo, a cocaína da Colômbia chega à Europa a partir de um acordo firmado com os sicilianos, que cobram uma comissão para abrir o seu mercado.

Existem, portanto, fortes conexões entre as máfias norte-americana, siciliana e japonesa, os cartéis colombianos e mexicanos, as tríades chinesas, as redes criminosas nigerianas, os traficantes de heroína da Turquia e os mafiosos russos. O crime organizado global gira em torno de algumas atividades básicas: tráfico de drogas e de armas, contrabando de imigrantes ilegais e tráfico de mulheres e crianças. Essas operações encontram-se muitas vezes interligadas, já que a estrutura operacional e os investimentos aplicados em uma acabam sendo aproveitados nas demais.

Somente o tráfico internacional de drogas – atividade mais importante do crime organizado – movimentava, ao final dos anos 1990, mais dinheiro do que o comércio de petróleo. Já o tráfico de armas se favoreceu do fornecimento de armas a grupos em guerra por parte dos Estados Unidos e da União Soviética durante a Guerra Fria. Essas armas, com o fim do confronto entre as duas potências, acabam contrabandeadas para países como Irã, Iraque e Líbia, e para grupos terroristas espalhados pelo mundo.

Já o tráfico de mulheres e crianças aparece como a terceira mais rentável atividade do crime organizado global, depois do tráfico de drogas e de armas, segundo dados do Fundo de Desenvolvimento da Mulher das Nações Unidas.

Surge, nesse contexto, uma imensa rede de prostituição global. Garotas são atraídas por anúncios de emprego como garçonetes e babás; ou coagidas, por meio da força, acabam por se transformar em escravas, por conta das pesadas dívidas que detêm com as organizações criminosas. Cerca de 50% das mulheres traficadas provêm de duas regiões: do Leste Asiático – especialmente Tailândia e Filipinas – e do Leste Europeu e países da antiga União Soviética.

Dessa forma, a prostituição sexual de mulheres, crianças e adolescentes tem-se transformado numa empresa global de alta rentabilidade. Na Tailândia, cerca de 800 mil meninas menores de idade vivem na prostituição; no Peru esse número era estimado em meio milhão, no ano de 1996. O tráfico de mulheres e crianças e a prostituição acabam interagindo com uma outra grande indústria, a do turismo. Pacotes de turismo para cidadãos alemães e norte-americanos, em suas viagens ao Nordeste do Brasil e outros países, envolvem atividades sexuais com menores de idade. É o chamado turismo sexual.

Uma quarta atividade que estimula o tráfico, a prostituição e o turismo sexual é a criação de uma rede global de pornografia. Os sites de pornografia infantil são elaborados em países como Holanda e Suécia, de tecnologia avançada. Nesse mercado, como naqueles de bens tradicionais, há uma divisão internacional do trabalho, em que os ricos trazem conhecimento e tecnologia e os pobres a destruição dos seus corpos e da sua dignidade.

Com a piora significativa das condições sociais, surgem novas formas de escravidão. Segundo o sociólogo norte-americano Kevin Bales, existem cerca de 27 milhões de escravos no mundo, mais do que o total de escravos transportados da África para as Américas durante o período colonial. Os novos escravos submetem-se a essa condição em virtude de dívidas contraídas ou de contratos de trabalho assumidos, nos quais se tornam propriedade dos seus empregadores.

O trabalho forçado está concentrado em países como Índia, Nepal, Paquistão e Bangladesh na Ásia, podendo ser encontrado no norte e oeste da África, mas também em regiões da América do Sul, e até mesmo nos países desenvolvidos. Acredita-se que existam três mil escravos domésticos em Paris – tendo sido inclusive criado o Comitê Francês contra a Moderna Escravidão.

Outra tragédia amplificada no mundo globalizado é a do trabalho infantil. Segundo relatório da OIT de 2004, existiam quase 200 milhões de crianças entre 5 e 14 anos trabalhando no mundo, sendo que metade destas em período integral. Um número considerável de crianças trabalha na produção de tecidos em Lesotho, na África, de tapetes e material esportivo no Paquistão e na agricultura no Egito e na Índia, muitas vezes, em atividades exportadoras. Na África, a situação é com certeza mais grave: 40% das crianças estão inseridas no mercado de trabalho.

Além disso, o trabalho infantil também se tem espalhado nos países desenvolvidos. Nos Estados Unidos, crianças trabalham nos restaurantes *fast-food*, em fábricas de roupa situadas em Manhattan, Nova York, mas também no setor agrícola, especialmente no Texas e na Flórida. Em outro membro do G-8, a Itália, cerca de 500 mil crianças trabalham, especialmente no sul do país.

Esses exemplos de desagregação social revelam que as possibilidades de se ganhar "dinheiro sujo" no mundo globalizado são as mais variadas. Drogas, armas, mulheres e crianças tornaram-se mercadorias de alto valor, gerando lucros propiciados por um conjunto de agentes econômicos ilegais. É nesse contexto que os excluídos se reinserem na globalização, comprometendo o seu futuro, a sua saúde e os seus valores morais.

AS ONGs e os valores sociais e morais

Como em outros períodos da História, o surgimento de problemas sociais no atual mundo globalizado traz como resultado um conjunto de forças contestadoras. A pobreza, o desemprego, a informalidade, o trabalho infantil e a destruição do meio ambiente são alvos de denúncia pelos movimentos sociais, que também se organizam no espaço global. O sociólogo brasileiro Octavio Ianni sintetiza esse processo da seguinte forma: "Inicia-se outro ciclo da história, talvez mais universal do que outros, e cenário espetacular de outras forças sociais e outras lutas sociais".

E não só os partidos políticos progressistas e os sindicatos estabelecem alianças internacionais, procurando germinar novos valores sociais, morais e ambientais para a globalização. Durante as décadas de 1980 e 1990, as chamadas organizações não governamentais (ONGs) emergiram com força cada vez maior. Mas quem são e o que fazem as ONGs? Essas entidades encontram-se a meio caminho entre o Estado e o setor privado. Concentradas nas atividades culturais, de educação, saúde, assistência social e defesa dos direitos humanos, desempenham tarefas que, no passado, eram prerrogativa do poder público. Por outro lado, também não se encaixam no setor privado, já que não visam ao lucro, contando, muitas vezes, com benefícios fiscais. Em alguns países, como Holanda, Irlanda e Bélgica, mais de 10% da mão de obra estão empregados nessas atividades.

Em virtude de sua estrutura "enxuta" e pouco burocratizada, muitas dessas ONGs organizam-se em rede, mantendo-se conectadas com as suas "irmãs" em várias partes do mundo. Costumam dedicar-se a temas específicos, desempenhando papel importante nas campanhas globais de conscientização sobre os direitos das mulheres, das crianças e os direitos humanos em geral. Cumprem, assim, o papel de consciência crítica da globalização.

Entre os exemplos de ONGs e movimentos sociais que têm se destacado no contexto internacional, o movimento ambientalista é com certeza aquele que adquiriu maior alcance na mídia e repercussão para a população mundial. Apesar das diferenças entre as suas várias organizações, conseguiu colocar a ecologia na ordem do dia. Suas campanhas vão desde os protestos à caça de baleias até à condenação do efeito estufa – que estaria levando ao aquecimento global a partir da emissão de gás carbônico – englobando também a defesa dos direitos dos consumidores e os protestos antinucleares.

Por meio de demonstrações em vários países, conseguem, muitas vezes, fazer pressão sobre os governos e alterar as suas legislações.

A força desse movimento reside no fato de que a destruição do meio ambiente significa um risco global, que envolve todos os habitantes do planeta. Mais recentemente, as ONGs ambientalistas vêm realizando uma intensa campanha contra os alimentos transgênicos ou geneticamente modificados. Baseiam-se no "princípio da precaução", segundo o qual o lançamento no mercado de um produto deve depender da total segurança quanto aos seus impactos sobre a saúde humana. A entidade ambientalista mais importante no mundo, o Greenpeace, possui hoje cerca de 6 milhões de sócios. Outras organizações de peso são Friends of Earth (Amigos da Terra) e Defenders of Wildlife (Defensores da Vida Selvagem). Um ponto unifica todos esses movimentos: a crítica ao capitalismo desenfreado e ao consumismo, que estariam destruindo o ecossistema.

Por sua vez, a Confederação Sindical Internacional – que reúne 170 milhões de trabalhadores de 304 organizações sindicais provenientes de 153 países – procura defender os direitos fundamentais dos trabalhadores: liberdade sindical e direito à negociação coletiva; além de combater o trabalho infantil forçado e a discriminação social e de gênero. Tem por desafio estabelecer parâmetros sociais mínimos para o comércio internacional e para as multinacionais, impedindo assim que estas se aproveitem da exploração global da força de trabalho.

Outra questão que evidencia a emergência de uma sociedade global gira em torno das patentes da indústria farmacêutica. De um lado, estão gigantescas empresas multinacionais como a Glaxo-SmithKline, Merck e Roche, as quais defendem a proteção das suas invenções, cobrando preços altos pelos remédios e sendo inclusive apoiadas pela OMC; de outro, encontra-se uma rede de ONGs que luta pelo direito à vida e o acesso à saúde para milhões de pessoas contaminadas pelo vírus da aids, tais como a Oxfam e a Médicos Sem Fronteiras, apoiadas pela Organização Mundial de Saúde (OMS) e pelo Fundo das Nações Unidas para o Combate à aids (Unaids).

Talvez não haja melhor exemplo de globalização das demandas sociais do que a articulação entre o Movimento dos Trabalhadores Rurais Sem-Terra (MST) brasileiro, a Confederação Camponesa Francesa e o Exército Zapatista de Libertação

Nacional (EZLN) mexicano sob o "guarda-chuva" da Via Campesina, organização global que reúne camponeses de mais de cem países. O dia 17 de abril transformou-se inclusive no Dia Internacional da Luta Camponesa, em memória ao massacre dos trabalhadores sem-terra pela Polícia Militar, na cidade de Eldorado dos Carajás, no estado do Pará.

ONGs como a Human Rights Watch (Observatório dos Direitos Humanos) e a Anistia Internacional zelam pelos direitos humanos, realizando diagnósticos periódicos sobre a brutalidade policial, condições carcerárias e tortura em vários países do mundo. O seu objetivo é conseguir aplicar sanções contra governos que não respeitem os direitos universais. Existe também a Anti-Slavery International, que realiza denúncias contra o trabalho escravo. Outra ONG importante, a Public Citizen's Global Watch (Observatório Global dos Cidadãos Públicos) cumpre o papel de informar os cidadãos de decisões tomadas em órgãos multilaterais, sem aprovação nos Congressos nacionais, que afetam a vida de milhões de pessoas no mundo inteiro.

Por último, não se pode deixar de ressaltar a importância do movimento feminista, que ganhou força mundial especialmente a partir dos anos 1970. Tal como no caso da ecologia, apesar das suas várias tendências, um ponto é central: a luta contra todas as formas de discriminação das mulheres.

Os avanços obtidos pelos movimentos feministas foram expressivos. Aqui também ações nacionais contaram com apoio e organização de entidades globais. Vários países, contudo, ainda proíbem o direito da mulher à herança e educação, além de limitarem a sua liberdade reprodutiva. As Conferências Internacionais de Pequim e Nova York, organizadas pela ONU nos anos 1990, ainda que com presença de ONGs e movimentos feministas, não conseguiram superar as posições discriminatórias de alguns países latino-americanos, africanos e asiáticos. Em países como o Senegal, até 1999, a lei nacional obrigava a circuncisão feminina, que impedia as mulheres de obterem prazer sexual.

Todos esses movimentos contam com um grande poder de mobilização e conscientização. São eles o outro lado da globalização, não do mercado, mas dos valores morais. Os defensores dos direitos humanos, do direito à informação, do meio ambiente, do combate ao racismo, da igualdade sexual e dos padrões trabalhistas não têm conseguido, entretanto, unificar as suas propostas. Ou seja, o mundo globalizado convive com a unificação das lutas sociais e a fragmentação das metas defendidas.

CULTURA GLOBALIZADA *versus* culturas nacionais e locais

Seria impossível compreender a nova dinâmica social do mundo globalizado sem uma análise sobre a dimensão cultural. Segundo o historiador francês Jean-Pierre Warnier, a cultura funciona como a bússola da sociedade. Ou seja, é a referência para que possamos decifrar os seus valores básicos. A cultura constitui assim a identidade primária que estabelece, em todos os povos, uma distinção clara entre o "nós" e o "eles".

Existe, então, uma cultura globalizada? Sim, as indústrias culturais do cinema, fonográfica, do livro, da imprensa e dos grandes espetáculos (shows de rock, Fórmula 1, Copa do Mundo e Olimpíadas) dominam o espaço global com os seus bens e mercadorias culturais. Predomina aqui a lógica econômica da concorrência e do aumento de lucros. As grandes estrelas do esporte, do cinema e da música *pop* vendem a sua imagem, emprestando suas características simbólicas a tênis esportivos, automóveis e cigarros. A indústria cultural mescla-se, portanto, às demais indústrias.

Por outro lado, a globalização permite também que uma parte da cultura local adquira projeção universal; o exemplo mais categórico, nesse sentido, talvez tenha sido o resgate da tradição musical cubana a partir da gravação do show, disco e filme *Buena Vista Social Club*, colocando pessoas de outros países, em contato com uma riqueza cultural até então desconhecida. Ou a efervescência da cultura latina em Los Angeles e da música negra no mundo inteiro. Esses exemplos, no entanto, não podem ser generalizados. Uma outra parte da produção cultural permanece restrita ao seu espaço, ficando muitas vezes sufocada pelos valores de mercado que comandam o mundo globalizado:

os brinquedos locais desvalorizados pelas bonecas *Barbie* ou as artes culinárias regionais pelas redes de *fast-food*.

Seria ingênuo, contudo, imaginar a cultura globalizada como geradora de uma uniformização completa da estética em todas as partes. Ela assimila e transforma uma parte das culturas locais, deixando também um espaço para os valores culturais locais não incorporados pelo grande mercado. Seria quase ridículo imaginar que o *fast-food* poria fim à feijoada brasileira, à *tortilla* mexicana e à *pasta* italiana. Se a cultura globalizada tenta recriar, a cada instante, gostos e modas, tornando-os objetos instantâneos de consumo, ela mostra-se, na maioria das vezes, incapaz de destruir as tradições do passado histórico dos povos.

Vejamos esses dois universos com mais detalhe. A cultura globalizada é controlada por novos grupos multimídia, que atuam com participações em todos os segmentos culturais. Com a informática e telecomunicações, as músicas, livros, notícias e o cinema são produzidos a partir da mesma tecnologia digital. A BBC de Londres, por exemplo, deixa de ser uma simples estação de rádio e se expande para outros setores.

Nesse contexto, o cinema norte-americano, a partir de Hollywood, surge como hegemônico, atrás do qual vêm as produções europeias e indianas. Grandes gravadoras como a Bertelsmann (BMD) alemã, a EMI inglesa e a Warner norte-americana dominam o mercado de música mundial.

No âmbito da imprensa mundial, existem as grandes redes de televisão norte-americanas (ABC e CBS), agências de notícias como a Reuteres inglesa e a Associated Press, norte-americana, além de empresas dos segmentos de mídia impressa (jornais e revistas) como a News Corporation, do australiano Ralph Murdoch, e a Warner com as revistas *Time* e *Fortune*.

O que esses exemplos indicam? Em primeiro lugar, os Estados Unidos e as suas empresas ocupam um papel hegemônico na definição das tendências musicais e artísticas, além de filtrarem as notícias e informações que são transmitidas ao mundo inteiro. Isso significa que as informações repassadas globalmente, quando referentes a um determinado país ou cultura, não

Em aspectos culturais, como na religião, a globalização também se faz presente. Ícones religiosos seguem com a comunidade de migrantes através das fronteiras nacionais. Na foto: procissão em homenagem à Virgem de Guadalupe, em Los Angeles, Estados Unidos.

correspondem necessariamente à sua realidade. O objetivo central não está no valor cultural, na autenticidade da expressão artística ou na divulgação da notícia, mas na sua capacidade de vender, de ocupar mercados.

Porém, um outro universo existe, convive e se redefine com a presença da cultura global. Esse universo paralelo sobrevive com uma abundância de criações culturais, à margem da economia globalizada. E nem poderia ser diferente, já que apenas 10% da população mundial é alcançada por essas novas tecnologias e bens culturais. A título de ilustração, no ano de 1996, cerca de 800 livros eram lançados anualmente para cada 100 mil habitantes na Europa, contra 72 na Ásia e 12 na África. No mesmo ano, havia cerca de 800 televisores para cada mil habitantes na Europa, contra no máximo 100 em países como Paquistão, Nigéria, África do Sul e Vietnã. Ou seja, as limitações econômicas e sociais restringem o acesso à cultura globalizada em boa parte do mundo. Deve-se destacar também que um conjunto de movimentos sociais e culturais passa a rejeitar o império da cultura global. Os franceses, por exemplo, conseguiram impedir o livre-comércio dos bens culturais na legislação da OMC, temendo o risco de enfraquecimento de sua produção cinematográfica. Ao mesmo tempo, em todos os países, produções independentes de mídia e cinema se desenvolvem, voltadas para a expressão das culturas locais, enfrentando as regras e modas do mercado global. Outros movimentos preferem se fechar ao mundo, instaurando uma oposição definitiva entre o local e o global. Seria o caso da milícia Taleban no Afeganistão, exemplo extremo de fundamentalismo islâmico, que destruiu várias estátuas de buda existentes no país que, por seu valor cultural, seriam um patrimônio da humanidade. Ou então das milícias racistas clandestinas norte-americanas que temem o fim da sociedade norte-americana com a globalização. Há ainda as ações terroristas do Pátria Basca e Liberdade (ETA), movimento que luta pela afirmação cultural do povo basco e pela independência em relação à Espanha. Ou, por último, o "terrorismo global" de Bin Laden, radical islâmico, autor dos atentados a embaixadas norte-americanas no Quênia e na Tanzânia, e que lideraria o ataque às torres gêmeas de Nova York, em 2001.

No sentido inverso da integração cultural, acabam surgindo os *skinheads* alemães e norte-americanos, os fundamentalistas islâmicos – muito dos quais articulados a grupos terroristas, geralmente atuando em rede, já que se encontram distribuídos em várias partes do globo – além de todo o tipo de grupos racistas e particularistas. No lugar da utopia da aldeia global, há o risco de proliferação de várias aldeias, guerrilhas e movimentos separatistas desgarrados do mundo globalizado.

O que esses movimentos indicam? Que o atual mundo globalizado tem-se mostrado incapaz de promover com eficácia os valores universais. Enquanto segmentos importantes da economia e da cultura se globalizam, outros optam pela segregação, fechando-se ao restante do mundo.

Conclusão

Como vimos, dependendo do grupo social – empresários, trabalhadores, camponeses, funcionários públicos e classes médias – e dos países onde esses se encontram, a globalização pode ser louvada ou criticada, surgindo assim os profetas e os críticos da globalização.

Quem são os profetas da globalização? Economistas de organizações internacionais, executivos de empresas multinacionais, pequenos empresários que conseguem expandir seus negócios no mercado internacional, a mídia globalizada, artistas de renome internacional, "inventores" de novas tecnologias de telecomunicações e informática, burocratas dos governos que participam de seminários internacionais, jogadores de futebol valorizados, aplicadores das bolsas internacionais, *pop stars*, cineastas que apresentam seus filmes na "festa do Oscar" e tantos outros.

Os profetas da globalização também podem ser encontrados em algumas instituições internacionais que se transformaram em propagandistas das vantagens da integração dos mercados, tais como: Fundo Monetário Internacional, Banco Mundial, OMC e OCDE, entre outras.

A globalização é também celebrada com a realização de seminários internacionais nos quais se apresentam as virtudes do capitalismo global. O principal deles é realizado na cidade de Davos, na Suíça, onde tem lugar anualmente o Fórum Econômico Mundial, com participação das maiores autoridades financeiras do mundo globalizado.

Os defensores da globalização geralmente possuem seus modelos ideais: países que souberam se aproveitar das vantagens de uma economia crescentemente global e ficaram, segundo os seus relatórios econômicos, ricos da noite para o dia. Entretanto, as fórmulas contidas nas experiências desses países-modelo – Chile, Cingapura, Irlanda, México e outros – não são facilmente aplicáveis no mundo inteiro, além de geralmente não enfatizarem seus problemas sociais e políticos.

Para os profetas da globalização, vivemos em um mundo de oportunidades ilimitadas para se ganhar dinheiro, trocar informações e ampliar os níveis de conhecimento. Novos conceitos são construídos para enfatizar essa mudança de sentido da História. São eles: "mundo sem fronteiras", "Terceira Onda", "aldeia global", "sociedade do conhecimento" e "fábrica global", entre tantos outros. O passado, nessa perspectiva, torna-se irreconhecível e distante, enquanto o presente necessita de termos que qualifiquem o "novo".

Vejamos como o sociólogo italiano Domenico de Masi exalta a nova sociedade, no seu entender, dinâmica, plástica, inovadora: "Superada a secular vida sedentária dos nossos antepassados, só nos resta aproveitar e dar sentido ao nosso destino de nômades pós-industriais, que à viagem física soubemos ainda acrescentar a viagem virtual da internet".

Outro sociólogo, o norte-americano Francis Fukuyama, chegou a decretar em 1992 o fim da História. Para ele, estaríamos vivendo a era do último homem, tendo-se chegado a um modelo definitivo e quase perfeito de sociedade, no qual a economia de mercado se combina com a democracia política e a liberdade. Como se essa equação fundamental pudesse ser encontrada em todos os países do mundo... Senão, como explicar as guerras civis de Angola e Ruanda, na África, o massacre de Kosovo, nos Bálcãs, e o regime do Taleban, no Afeganistão, ocorridos ao longo dos anos 1990, nesse universo de conto de fadas?

Houve também quem decretasse a morte do Estado Nacional ou o fim das ideologias. Ou seja, para os seus profetas, a globalização refere-se a uma nova condição humana. A síntese da sua concepção pode ser bem resumida pela seguinte frase: "Se o mundo mudou, nós também precisamos mudar". Quantas vezes todos nós já ouvimos essa frase?

Enquanto os globalizadores discutem os rumos do mundo atual, também os globalizados se reúnem buscando soluções para a exclusão social. Na foto: líderes nacionais e estrangeiros no I Fórum Social Mundial, em Porto Alegre.

A globalização possui também seus críticos. Instituições como a Associação pela Tributação das Transações Financeiras em Apoio aos Cidadãos (ATTAC) defendem a taxação do capital financeiro, procurando impedir que a abertura dos mercados e a privatização reduzam as receitas dos orçamentos públicos e generalizem o desemprego e a informalidade.

Organizações como essas criticam o excessivo poder das corporações multinacionais, o conteúdo das políticas neoliberais e o controle das políticas econômicas dos países mais pobres pelos países ricos. No seu entender, a globalização seria apenas o novo nome de um fenômeno antigo, o imperialismo.

No intuito de se opor ao Fórum Econômico Mundial, ONGs e movimentos sociais de mais de cem países participaram do Fórum Social Mundial – realizado pela primeira vez, em janeiro de 2001 na cidade de Porto Alegre – propondo modelos alternativos à atual globalização, que consideram responsável pelo aumento das desigualdades sociais.

Interessante é o confronto de propostas entre o Fórum Social e o Econômico. No sétimo Fórum Social Mundial, realizado em Nairobi, no Quênia, movimentos sociais atacaram o desrespeito aos direitos sociais da Coca-Cola, montando barracas com denúncias em hindu, chinês e espanhol. Já no Fórum Econômico, a empresa se defendeu apresentando ações de proteção ambiental e de responsabilidade social.

Os críticos da globalização ressaltam ainda que a liberalização do movimento de mercadorias e capitais não veio acompanhada da liberdade no fluxo de mão de obra. Na verdade, a própria liberdade de locomoção é desigualmente distribuída. Alguns críticos da globalização têm inclusive assumido papel de destaque na mídia global. É o caso do camponês francês José Bové que, em represália a medidas tomadas pela OMC, invadiu, com outras nove pessoas, uma das lojas da cadeia norte-americana McDonalds numa cidade do sudoeste da França, em 1999. A sua atitude reflete a resistência diante de padrões de consumo e estilos de vida globais, que tendem a "esmagar" a pequena produção francesa, bem como o seu estilo de vida rural.

Outro exemplo de tentativa de preservação da diversidade e dos valores culturais próprios contra a concorrência internacional foi a rebelião dos índios camponeses no estado de Chiapas, Sul do México, iniciada em janeiro de 1995, em virtude da aprovação do Nafta. A redução das barreiras comerciais entre Estados Unidos e México levaria a uma invasão de produtos norte-americanos, enfraquecendo a produção local de café e milho, no entender do subcomandante Marcos, o militante encapuzado, que envia os manifestos do Exército Zapatista de Libertação Nacional (EZLN) via internet para o conhecimento do mundo globalizado.

O que esses exemplos têm em comum? São vozes do mundo local que se negam a ver as suas atividades econômicas e culturais relegadas ao segundo plano pelo poder da concorrência. Os valores dos camponeses franceses, dos índios mexicanos e dos pequenos produtores dos demais países devem ser preservados, segundo os críticos da globalização.

Mais interessante ainda, tanto José Bové como o subcomandante Marcos são, eles próprios, frutos da globalização. O primeiro frequentou uma das universidades mais prestigiadas dos Estados Unidos. O outro é um homem branco, urbano, que estudou filosofia e utiliza a mesma arma que o ataca para se defender: as novas tecnologias. Ou seja, a globalização que permite a integração dos mercados também abre espaço para a manifestação de ideias contrárias, podendo encontrar adeptos no mundo inteiro.

Por outro lado, o norte-americano Joseph Stiglitz, ganhador do prêmio Nobel de economia, em 2001– depois de defender, em seus estudos a economia de mercado – tem se destacado, mais recentemente, por denunciar as desigualdades ampliadas por um processo de globalização descontrolado, que não atende às necessidades das nações mais pobres.

Essas interpretações distintas sobre os significados da globalização revelam uma outra característica importante do mundo globalizado: este não existe como algo definitivo, mas evolui a partir dos conflitos e interações entre forças sociais que operam nos vários níveis nacionais, e que hoje procuram aliados internacionais com o intuito de conformar movimentos sociais globais dotados de várias ramificações, assim como no caso das empresas multinacionais. Aqui se trata, entretanto, não da busca do lucro, mas da luta pela universalização de valores éticos e sociais.

A história do século XXI dirá se esses dois processos – a internacionalização dos mercados e a universalização dos valores morais – podem se tornar coincidentes, ou se, por outro lado, conformam duas perspectivas intrinsecamente inconciliáveis. Será verdade que a ampliação dos mercados exige a expansão das desigualdades, ou então que o maior protecionismo e isolacionismo cultural são as únicas alternativas aos efeitos nocivos da globalização?

Esses dois cenários trazem prejuízos aos valores democráticos e de justiça social. Caberá à sociedade civil organizada, nacional e internacionalmente, bem como aos governos de países desenvolvidos e subdesenvolvidos, e organismos multilaterais, estabelecer metas e compromissos de longo prazo, com o objetivo de impedir uma escolha entre dois mundos igualmente insatisfatórios para os destinos da humanidade.

Posfácio

ATUALIZANDO *O mundo globalizado?*

Este livro foi escrito e publicado em 2001, algumas semanas antes do ataque às torres gêmeas. Hoje, alguns anos depois, ele ficou velho? Ou está cada vez mais novo? A verdade é que no atual contexto categorias como "velho" e "novo" são redefinidas a cada momento. Algumas novas facetas da globalização, antes apenas esboçadas, emergiram e vieram à tona. Por outro lado, o que parecia "velho" assumiu novas feições. Como captar o essencial, o movimento da onda, o "novo" que confere vida e dinamismo à globalização? E como revelar as ausências e limitações desse processo que atinge distintamente as várias partes da geografia global?

Em termos gerais, pode-se dizer que o mundo globalizado do início da primeira década do século XXI não é muito diferente do antevisto no final do século xx. Mantém-se o avanço das novas tecnologias, a crescente importância das multinacionais e dos fluxos de comércio e de capitais; como também a tentativa dos estudos nacionais e dos blocos regionais de buscar uma inserção mais vantajosa para seus respectivos países. Paralelamente, as organizações multilaterais – ONU, FMI, Banco Mundial e OMC – perdem legitimidade, enquanto a desigualdade e novas formas de exclusão social fincam os pés nos países desenvolvidos, em especial nos países subdesenvolvidos. Qual será o desenlace dessas forças muitas vezes contraditórias? Impossível prever. É possível apenas apontar algumas tendências gerais.

O quadro traçado neste livro segue atual. Ainda assim, novos vetores e acontecimentos aprofundaram ou enfraqueceram alguns dos aspectos da globalização. Apresento neste posfácio sete tendências que estão reorientando o processo histórico neste início do século XXI.

A primeira está relacionada ao ataque às torres gêmeas em Nova York pela rede terrorista Al Qaeda. Acompanhado *on-line* pelos habitantes do mundo globalizado, esse fato representou uma ofensiva contra a supremacia geopolítica e militar norte-americana. Na prática, acabou por reforçá-la, ao menos no curto prazo, já que a resposta veio sob a forma de invasões no Afeganistão e no Iraque, neste último caso, sem o aval da ONU. Como consequência, o multilateralismo deteriora-se a olhos vistos, assumindo os Estados Unidos uma gestão unilateral dos assuntos da política mundial. Alguns países da União Europeia, bem como China e Rússia condenaram a invasão do Iraque. No entanto, não conseguiram impedi-la. Vive-se assim um vácuo de poder que reduz as possibilidades de uma gestão cooperativa dos rumos da política mundial. Ao mesmo tempo, um surto de antiamericanismo instaura-se na maioria dos países da periferia.

Nas organizações multilaterais – como FMI, Banco Mundial e OMC – o poder das superpotências ocidentais tem impedido qualquer esforço de renovação no intuito de incorporar as necessidades de uma economia mais diversificada e integrada, o que acarreta maiores dificuldades para os países em desenvolvimento.

Em segundo lugar, percebe-se que até mesmo a globalização econômica está sujeita a ciclos, ou seja, a avanços e recuos. Na sequência da crise do mercado acionário norte-americano, ao longo do ano 2000, a economia dos EUA sofreu um processo de desaceleração que teve impacto negativo sobre os fluxos de comércio e o nível de investimentos diretos externos. Os fluxos anuais de investimentos das multinacionais sofreram uma queda de mais de 50% entre 2000 e 2002, recuperando-se apenas em 2005. O volume de comércio sofreu a sua primeira queda em anos em 2001. Os fluxos financeiros afastaram-se mais uma vez, até 2002, dos países emergentes. Isso indica que a saúde da economia global ainda depende bastante do que se passa nos Estados Unidos.

Por outro lado, a recuperação da economia norte-americana em 2004 e a continuidade do crescimento acelerado de algumas economias emergentes – como China e Índia – permitiram a ascensão do comércio e do preço das *commodities*, trazendo inclusive o retorno dos capitais de curto e longo prazo para países da periferia. O biênio 2004/2005 foi um dos melhores da economia internacional nos últimos tempos, até mesmo para as nações mais pobres. Entretanto, dependendo de um conjunto de variáveis conjunturais, essa situação não deve se manter assim para sempre.

Em terceiro lugar, a China aparece como potência econômica em ascensão, crescendo a uma média de 10% ao ano, afirmando-se como o terceiro maior exportador mundial em 2005, e destacando-se não apenas nos produtos de baixo valor agregado, mas também na venda de produtos intensivos em tecnologia. Além disso, a China aposta numa política internacional defensora da multipolaridade. Não é à toa que esse país vem desenvolvendo acordos econômicos com a América Latina e a África, regiões até então vistas como áreas de influência norte-americana e europeia. Não há dúvidas de que o destino do mundo globalizado passa a depender, de forma crescente, do papel político-econômico exercido pelo gigante asiático.

No entanto, além da China, outros países em desenvolvimento passam a adquirir destaque na economia globalizada, e o comércio mundial fica cada vez mais dependente do intercâmbio comercial e dos investimentos realizados por essas nações. Essa nova geografia comercial – em que as relações Sul-Sul assumem maior protagonismo – pode ser percebida a partir da disputa entre a Tata indiana e a CSN brasileira pelo controle da Corus, grande empresa siderúrgica do capital anglo-holandês. Esses mesmos países – Brasil e Índia – estão entre os seis mais importantes negociadores da rodada Doha da OMC, lançada em 2001. A África do Sul, por sua vez, destaca-se pelas multinacionais em atuação no continente africano. Até uma sigla foi criada – os BRICs – que se refere ao Brasil, a Rússia, a Índia e a China, países que devem responder por parcela importante do incremento da produção mundial nos próximos vinte anos.

Em quinto lugar, a ideologia neoliberal, que comandou o processo de globalização nos anos 1990, vem sofrendo rachaduras. Economistas importantes como Joseph Stiglitz e Jeffrey Sachs apontam não somente as limitações das políticas liberais, como também seus impactos nefastos para os países mais pobres. Uma nova corrente de economistas institucionalistas passa a apontar as diferenças nacionais, bem como as várias formas possíveis de integração na globalização. Se o mercado não pode ser negligenciado, o Estado assume um papel cada vez mais relevante. Na América Latina, por exemplo, novos governos têm defendido, com diversos matizes ideológicos, os ideais de regulação estatal e respeito aos direitos sociais. Por outro lado, percebe-se que o líder venezuelano Hugo Chávez, apesar de seu discurso anti-imperialista, depende das exportações de petróleo para o seu arqui-inimigo. A globalização possibilita, portanto, várias possíveis combinações entre Estado e mercado.

Em sexto lugar, as desigualdades entre países e dentro dos países continuam aumentando. Para os desenvolvidos, a exclusão social avança, ainda que contida pelos benefícios assegurados pelos governos. Nas economias mais fortes dos países em desenvolvimento, o desemprego torna-se um fenômeno cotidiano, atingindo principalmente jovens, além de grupos socialmente vulneráveis, como as mulheres e certos grupos raciais. Para os mais pobres, a miséria passa a se instalar nas grandes cidades.

Entretanto, nesse mesmo mundo globalizado, em que tecnologias multiplicam o potencial produtivo, os fluxos de capitais e de comércio migram com facilidade jamais vista e a mão de obra enfrenta barreiras concretas e psicológicas. A xenofobia com relação aos imigrantes se generaliza. Dessa forma, a globalização – num contexto de ausência de regulação internacional e de enfraquecimento de vários Estados Nacionais da periferia – incentiva a proliferação de novas formas de trabalho precário e de submissão cultural.

Finalmente, a globalização sem controle coloca em risco o próprio meio ambiente. Surgem novas epidemias. Os riscos de aquecimento global mostram-se cada vez maiores, enquanto as fontes de energia não renovável se esgotam, as florestas são consumidas e a água disponível se extingue. Caso as metas do milênio relacionadas à redução da pobreza não sejam cumpridas e os padrões de consumo dos países ricos não sejam alterados, a saúde ambiental entrará em colapso. Trata-se, em termos econômicos, de um obstáculo concreto ao desenvolvimento justo e sustentável, afetando a própria existência do mundo globalizado.

Sugestões de leitura

Antecedentes históricos da globalização

BRAUDEL, Fernand. *Civilização material, economia e capitalismo, séculos XV-XVIII* – Os jogos das trocas (vol. 2). São Paulo: Martins Fontes, 1996.

FERRER, Aldo. *Historia de la globalización:* orígenes del orden económico mundial. Buenos Aires: Fondo de Cultura Económica, 1996.

HOBSBAWM, Eric. *A era dos impérios* (1875-1914). Rio de Janeiro: Paz e Terra, 1998, 5ª edição.

_____. *A era dos extremos.* Rio de Janeiro: Paz e Terra, 1999.

SEVCENKO, Nicolau. *A corrida para o século XXI:* no loop da montanha-russa. São Paulo: Companhia das Letras, 2001

WALLERSTEIN, Immanuel. *O capitalismo histórico.* São Paulo: Brasiliense, 1985. (Coleção Primeiros Voos)

Interpretações da globalização

BAUMAN, Zigmunt. *Globalização:* as consequências humanas. Rio de Janeiro: Jorge Zahar, 1999.

GIDDENS, Anthony. *Mundo em descontrole:* o que a globalização está fazendo de nós. Rio de Janeiro: Record, 2000.

HELD, David e MCGREW, Anthony. *Prós e contras da globalização.* Rio de Janeiro: Jorge Zahar, 2001.

HOBSBAWM, Eric. *O novo século.* São Paulo: Companhia das Letras, 2000.

IANNI, Octavio. *A era do globalismo.* Rio de Janeiro: Civilização Brasileira, 1999, 4ª edição.

_____. *Teorias da globalização.* Rio de Janeiro: Civilização Brasileira, 1996, 3ª edição.

Aspectos econômicos, políticos e sociais da globalização

BEINSTEIN, Jorge. *Capitalismo senil:* a grande crise da economia global. Rio de Janeiro: Record, 200l.

BUARQUE, Cristovam. *Os tigres assustados.* Rio de Janeiro: Rosa dos Tempos, 1999.

CASTELLS, Manuel. *A era da informação,* 3 volumes – A sociedade em rede (vol. 1), O poder da identidade (vol. 2), Fim de milênio (vol, 3). São Paulo: Paz e Terra, 1999.

CHESNAIS, François. *A mundialização do capital.* São Paulo: Xamã, 1996.

CHOSSUDOVSKY, Michel. *A globalização da pobreza:* impactos das reformas do FMI e do Banco Mundial. São Paulo: Moderna, 1999.

DUPAS, Gilberto. *Economia global e exclusão social:* pobreza, emprego, Estado e o futuro do capitalismo. São Paulo: Paz e Terra, 1999.

WARNIER, Jean-Pierre. *A mundialização da cultura.* São Paulo: Edusc, 2000.

O Brasil e a globalização

BENJAMIM, César (org.). *A opção brasileira.* Rio de Janeiro: Editora Contraponto, 1998.

LACERDA, Antônio Corrêa de. *O impacto da globalização na economia brasileira*. São Paulo: Editora Contexto, 1998.

LODI, João Bosco. *Fusões e aquisições:* o cenário brasileiro. Rio de Janeiro: Editora Campus, 1999.

POCHMANN, Mareio. *A década dos mitos*. São Paulo: Editora Contexto, 2001.

SINGER, Paul. *O Brasil na crise:* perigos e oportunidades. São Paulo: Editora Contexto, 1999.

GRÁFICA PAYM
Tel. [11] 4392-3344
paym@graficapaym.com.br